KB015274

나는 충분히
괜찮은
엄마입니다

나는 충분히
괜찮은
엄마입니다

김선엽 지음

서교출판사

저자 김선엽은 대한명상의학회와 KAIST 명상과학연구소가 공동 제작한 마음챙김기반 사회정서성장프로그램 MSEG(Mindfulness based Social Emotional Growth program)의 교육자이자 효과성 검증 작업에 참여한 연구자다. 또한 초등학교 현직 교사이면서 임상 및 상담심리학 박사로서 폭넓게 연구 활동을 해 왔다.

저자는 이 책에서 직접 자녀를 키우고 초등학생들을 가르치면서 구체적인 마음챙김 기법과 일상에서 쉽게 적용할 수 있는 심리 전략을 소개하며, 독자들이 자신의 감정을 이해하고 조절하는 법을 배울 수 있도록 한다. 특히 이 책에서는 엄마들이 자주 겪는 고립감과 스트레스, 현대 사회에서 본질을 잃어 가는 문제들을 다루며, 엄마들이 자신의 감정을 진솔하게 마주해 해결의 실마리를 찾을 수 있도록 격려한다. 이 과정에서 엄마들은 자신만의 강점을 발견하고, 자신감을 회복하는 데 커다란 위안을 받게 될 것이다.

『나는 충분히 괜찮은 엄마입니다』는 자신만의 내면 여정을 시작하려는 모든 엄마들에게 꼭 필요한 안내자 같은 책이다. 이 책에 실린 내용들을 반복해서 읽고 실천한다면 삶에서 길을 잃지 않고 행복과 평화를 찾을 수 있을 것이다.

박용한 (대한명상의학회 명예회장·정신건강의학과 전문의)

부모들이 삶의 본질과 가치를 잊지 않기를 바라는 김선엽 선생님의 존재가 참으로 기쁘고 위로가 된다. 마음챙김의 핵심은 있는 그대로의 나를 인정하고 수용하며 열린 마음으로 현재를 사는 것이다. 우리가 이런 삶을 지향할 때 아이들의 삶은 행복해지고 풍요로워질 것이다.

곽영숙(보건복지부 국립정신건강센터 센터장)

저자의 깊은 통찰력과 따뜻한 조언이 담긴 이 책은, 마음챙김을 통해 내면의 평온함과 균형을 되찾고 자기 삶에서 진정한 가치를 확인하고자 하는 모든 이에게 강력히 추천할 만한 책이다. 능동적이고 건강한 삶을 선택하기를 진심으로 염원하는 이들에게 깊은 울림을 줄 것이다.

이강욱(대한명상의학회 회장·정신건강의학과 전문의)

아이들의 정서적 안정이 위협을 받는 오늘날 저자는 먼저 부모 스스로의 마음을 돌볼 것을 강조하고 있다. 저자는 현직 교사이고 심리학 박사이기도 하지만, 무엇보다 한 아이의 어머니이다. 이 책에는 저자의 생생한 경험과 실제 적용 방법들이 많이 소개 되어 있어 훌륭한 지침서가 될 것이다.

원승희(경북대병원 정신건강의학과 교수·Wee클래스 센터장)

나는 충분히 괜찮은 엄마입니다

"경제적으로 더 잘해 주지 못해 미안할 뿐이에요."

"내 일이 바빠 아이를 꼼꼼하게 챙겨 주지 못해요."

"나름대로 최선을 다하고 있는데, 이렇게 하는 게 맞는지 모르겠어요."

교육자로서, 심리학자로서 많은 부모님들을 만납니다. 온 마음을 다해 경청하고 함께 마음의 길을 따라가며 방향을 나누고 있습니다. 가정마다 다른 어려움들을 가지고 있지만 좋은 부모님들의 공통점은 아이를 사랑하는 마음과 엄마로서 어떻게 아이에게 도움이 될지 끊임없이 고민한다는 점입니다. 그리고 이러한 과정에서 부모님들은 죄책감이라는 감정에 압도되고는 합니다. 아이에게 많은 사랑과 정성을 쏟고 계심에도 불구하고 말이지요.

심리학에서 말하는 좋은 엄마란 무엇일까요? 프로이트 이후 가장 사랑받은 정신분석학자 도널드 위니컷(Donald Winnicott)은 평범한 엄마가 아이를 사랑스럽게 돌보는 데 건강의 기반이 있다고 했습니다. 그리고 이렇게 적절한 돌봄을 제공하는 엄마를 '충분히 좋은 엄마'(Good Enough Mother)라고 했지요. 그는 엄마가 자기 자신으로 존재하며, 아이와 생생하게 상호 작용할 수 있다면 그 어떤 전문가보다 좋은 엄마가 될 수 있다고 말합니다. '완벽한 엄마'가 아니라 '이만하면 괜찮은 엄마'가 되어야 한다는 것이지요. 다음 사례를 한번 살펴볼까요?

재윤이 엄마는 스스로를 조금 부족한 엄마라고 말합니다. 아이의 행동에 불같이 화도 내지만 감정을 추스른 뒤에는 다시 아이와 진솔한 대화를 나누려 노력합니다. 서툴지만 진심이 담긴 엄마의 말에 재윤이는 활짝 웃으며 안깁니다. 아이를 키우면서 흔들리는 순간이 많지만 이만하면 꽤 괜찮은 엄마라 생각하며 다시 한번 힘을 내 봅니다.

한편 서진이 엄마는 딸에게 완벽한 엄마가 되고 싶습니다. 각종 육아 서적과 인터넷 사이트를 섭렵하며 아이가 어려서부터 경험하면 좋은 것들, 부모로서 절대 해서는 안 되는 말과 행동들이 보이면 즉각 적어 놓습니다. 아이의 먹거리부터 학교 일과까지 하나하나 살피며, 아이의 삶을 과도하게 통제하며 살아갑니다.

여러분은 둘 중에서 어떤 엄마의 모습에 가까운가요? 완벽한 엄마가 되어야 한다는 강박은 늘 자신을 모자라게 느끼게 만들고 불안하게 합니다. 이러한 강박과 불안은 엄마 삶에서 느낄 수 있는 수많은 즐거움을 앗아가 버립니다. 환하게 웃는 아이의 미소, 어딘가 들떠 보이는 아이의 목소리, 엉뚱하지만 사랑스러운 대답들, 아이의 따뜻한 냄새, 아이와 함께 도란도란 떠들다 잠드는 순간과 같이 그때만 누릴 수 있는 소중한 순간들을 놓치게 만듭니다.

저의 엄마는 맞벌이를 하며 자신의 삶을 살아가는 열정적인 분이었습니다. 바쁜 일정으로 늦게 귀가하는 날이 많았지만, 그래도 엄마와 함께 대화하는 시간이 참 좋았습니다. 서로 눈을 맞추며 마음속 이야기를 나눌 수 있었으니까요. 엄마는 화가 나면 화가 나는 대로, 서운하면 서운한 대로 감정에 솔직했습니다. 완벽한 엄마가 되려고 하기보다 삶의 본질을 중시하며 늘 있는 그대로 살아갔습니다. 둘도 없는 친구처럼 살아가고 있는 지금, 제 마음속에서 '충분히 좋은 엄마'로 존재하고 있습니다.

'완벽한 엄마'라는 열망에 빠져 아이의 마음과 세상을 볼 수 있는 기회를 놓치지 마세요. 충분히 좋은 엄마로 살아갈 때, 엄마도 아이도 진정 서로를 바라볼 수 있습니다. 무슨 일이든 진심을 다하면 됩니다. 화를 냈던 아침의 일이 마음에 걸린다면 아이가 돌아왔을 때 그 마음을 진솔하게 전해 주면 됩니다. 자신으로 존재하며 유연하게 소통할 수 있다면 그것만으로 이미 충분합니다. 건강한 엄마가 되어 삶의 본질을 아이의 마음에 심어 주세요. 흔들리지 않는 본질 속에서 아이는 스스로 건강하게 자라날 수 있습니다.

최근 세계적으로 마음챙김 바람이 불고 있습니다. 영국

에서는 이미 학생들의 정신 건강을 증진시키기 위한 정책 연구소가 만들어졌고, 구글, 애플과 같은 글로벌 IT 기업에서는 업무로 스트레스를 받는 사람들을 위한 마음챙김 프로그램이 운영되고 있지요. 하지만 그 누구보다 마음챙김이 필요한 대상은 아이와 함께하는 여정을 걷는 부모입니다. 아무리 아이가 양질의 교육을 받는다 한들 부모가 스스로의 마음을 건강하게 돌보지 못한다면 아이 역시 건강한 성인으로 성장하기 어렵습니다. 저는 여러분이 엄마뿐만 아니라 삶의 다양한 역할에서도 이만하면 충분히 좋은 사람으로 살아가기를 바랍니다. 건강한 삶을 위해 우리가 갖춰야 하는 것은 완벽함의 가면이 아닌 '이만하면 괜찮다'라는 충분감이기 때문입니다.

이 책에서는 우리의 마음이 괴로운 본질적인 이유를 살펴본 뒤, 마음챙김을 통해 엄마와 아이가 함께 행복해질 수 있는 방법을 소개하려고 합니다. 완벽한 엄마가 되기보다는 충분히 괜찮은 엄마가 되어 스스로의 마음을 가꾸어 주세요. 그래야 한 번뿐인 인생에서 자신이 원하는 삶을 살 수 있게 됩니다.

마지막으로 책이 출간되기까지 수고해 주시고 응원해

주신 모든 분들께 감사의 인사를 드립니다. 출판사 관계자분들, 추천사를 써주신 스승님들, 그리고 사랑하는 가족들과 소중한 이들이 모두 따뜻한 삶을 살아가기를, 어떠한 역경 속에서도 흔들리지 않는 삶을 살아내기를 진심으로 기원합니다.

2024년 5월 연구실에서
김선엽

1장 엄마의 마음도 돌봄이 필요하다
괴로움에 빠지지 않는 삶

건강한 몸이 건강한 마음을 만든다
건강한 몸을 유지하는 삶

 지금 여기, 엄마의 마음챙김
감정과 생각에 휘둘리지 않는 삶

4장 **엄마의 삶에서 나의 삶으로**

삶의 가치를 통해 본질 속에 사는 삶

1장

엄마의 마음도
돌봄이 필요하다

괴로움에 빠지지 않는 삶

평화를 찾는 방법은 삶의 환경을 재조정하는 것이 아니라,
당신이 가장 깊은 수준에서 누구인지 깨닫는 것이다.

– 에크하르트 톨레

첫 번째 화살과
두 번째 화살

삶은 끊임없이 몰아치는 파도와 같습니다. 파도가 한 차례 지나가면 그다음 파도가 다가오고, 우리의 마음은 쉴 새 없이 일렁이기를 반복하지요.

특히 엄마가 되고 나면 삶의 파도는 더욱 거세게 밀려옵니다. 끝을 알 수 없는 의무감과 책임감, 고생 끝에 생겨나는 죄책감, 나를 잃음과 동시에 부여되는 수많은 역할들, 최선을 다했지만 그 누구도 수고를 알아주지 않는 서러움까지. 오늘날 많은 엄마들이 짊어지는 마음의 모래주머니입니다. 이러한 상황 속에서 엄마들은 쉽게 마음을 놓치곤 하지요.

그런데 이렇게 흔들릴 때 누군가는 정신없이 마음을 놓치고, 누군가는 온전히 마음을 돌보며 살아갑니다. 한 번뿐인 삶이지만 '마음의 세상'은 저마다 다른 것이지요. 석가모니의 법문을 모아 엮은 『잡아함경』에는 우리의 괴로움이 마음먹기에 달렸음을 이렇게 설명하고 있습니다.

어리석은 사람은 두 번째 화살을 맞고,
지혜로운 사람은 두 번째 화살을 맞지 않는다.

두 번째 화살이라니, 도대체 무슨 소리일까요? 세상에는 좋은 일만 존재할 수 없으며, 우리는 살면서 수많은 상실과 아픔을 마주합니다. 이때 고통이라는 첫 번째 화살을 맞게 됩니다. 그러나 더욱 아프고 잔인한 것은 괴로움이라는 두 번째 화살입니다.

미주 씨의 아이는 얼마 전 끔찍한 교통사고로 한쪽 청력을 잃게 되었습니다. 예상치 못한 화살을 맞게 된 것이지요. 더욱 괴로운 것은 스스로 쏘아 대는 두 번째 화살이었습니다.

'그날 내가 밖으로 나가자고 하지 않았더라면….'

'이렇게 된 건 다 내 책임이야!'

괴로움은 마치 고통이 만든 상처 위에 소금을 뿌리는 것과 같습니다. 우리 마음을 쉴 새 없이 옭아매고 심연의 늪 속으로 빠져들게 하지요.

엄마라는 역할은 두 번째 화살에서 더욱더 자유롭지 못합니다. 자녀에게는 이미 충분히 좋은 엄마지만 자책과 책임감으로 두 번째 화살을 쏘아 대고 세 번째 화살, 네 번째 화살을 만들어내 끝없는 괴로움으로 스스로를 몰아갑니다. 괴로움의 나날들, 마음을 잃어버리는 순간들이 늘어납니다. 고통은 시간이 지나면 줄어들지만, 괴로움은 시간이 지날수록 더욱 짙어집니다. 불면의 밤이 지속되고, 머릿속은 생각으로 가득 찹니다. 미주 씨는 이 상황을 어떻게 벗어날 수 있을까요? 여러분이라면 어떻게 받아들여야 할까요?

첫 번째 화살은 있는 그대로 받아들여야 합니다. 삶에는 시간이 필요한 일들이 있습니다. 특히 우리가 경험하는 고통의 순간들은 무작정 덮고 피하는 것이 아니라 충분히 애도하고 지나가야 합니다. 마음을 잃지 않으려면 고통을 있는 그대로 받아들이는 것이 중요합니다. 첫 번째 화살은 내가 받은 고통을 있는 그대로 수용했을 때 지나갈 수 있습니다. 하지만 고통을 통제하려고 하면 괴로움이 시작됩니다. 눈덩이처럼 덧입혀진 생각이 괴로움이라는 두 번째 화살을 만들어 내는 것이지요.

고통의 화살을 피할 수 있는 사람은 아무도 없습니다. 인간의 삶이 원래 그런 것임을 인정하고, 그 안에서 의미 있고 가치 있는 것들을 찾아 나가야 하지요. 그럴 때 삶은 또 다른 문을 열어 줍니다. 삶 속에서 의미를 찾고 스스로를 사랑하는 것은 결국 내 아이를 위한 길이기도 합니다. 그러므로 현실이 가혹할수록 자책 대신 스스로에게 따뜻한 손을 건네야 합니다.

아이를 키우는 엄마라면 더욱더 자신의 마음을 세세히 살펴야 합니다. 자신의 불안을 타인에게 투사하기 전에 스스로 수용할 수 있어야 합니다. 전문가들이 주장하는 다양한 육아법은 자칫 엄마들의 마음에 모래주머니를 채울 수 있습니다. 아이의 기질과 성격은 모두 제각각이므로 정해진 답은 없습니다. 백 명의 아이가 있다면 백 가지 양육법이 존재해야 합니다. 따라서 시기별로, 상황별로 내 아이에게 필요한 부분만 취하고 적용해 보는 것만으로도 충분합니다.

아이라는 씨앗이 싹을 틔우고 열매를 맺기 위해서는 엄마의 마음이 먼저 비옥한 토양이 되어야 합니다. 가장 먼저 엄마의 마음에 영양분을 듬뿍 줘야 합니다. 그 마음에 여유가 있을 때 아이에게 줄 수 있는 것이 더욱 많아집니다. 그 마음이 괴로움으로 가득하다면 아이는 주눅이 들고 매사 눈치를 보게 됩니다. 엄마의 편안한 마음만큼 아이에게 좋은 영향을 주는 것은 없습니다. 어린 시절을 되돌아볼 때 오래도록 기억에 남는 것은 물질적 풍요가 아니라 환하게 웃어 주고 따뜻하게 품어 준 부모의 마음입니다. 이러한 감정과 경험은 우리의 해마 깊숙이 자리 잡아 오래도록 기억됩니다.

여러분은 지금 스스로에게 어느 정도로 정성을 기울이고 있나요? 아이에게 투자하는 시간과 노력만큼 스스로를 돌보고 따뜻하게 안아 주세요. 가족을 위해 충분히 노력하고 있다고, 엄마라는 존재만으로 자신의 몫을 다하고 있다고 말해 주세요. 힘든 시기를 지날 때 자신에게도 돌봄이 필요함을 잊지 마세요. 소중한 대상에게 관심을 기울이는 것처럼 자신에게도 따뜻한 관심을 기울여 주세요. 아이를 키우며 마음을 잃어버리고 자책의 화살을 날리는 대신 친절하게 대해 주세요.

자기 자비 척도

'자기 자비 척도'란 스스로를 얼마나 사랑하고 돌보고 있는지를 가늠할 수 있는 지표입니다. 다음 중 자신을 가장 잘 나타낸다고 생각하는 것을 하나만 골라 1~5의 숫자에 체크한 뒤, 점수를 더해 주세요. 점수가 높을수록 자기자비의 태도가 높음을 의미합니다.

문항	거의 아니다	조금 그렇다	웬만큼 그렇다	자주 그렇다	거의항상 그렇다
1. 나는 내 자신의 결점과 부족한 부분을 못마땅하게 여기고 비난하는 편이다.	①	②	③	④	⑤
2. 나는 기분이 처질 때, 잘못된 모든 일을 강박적으로 떠올리며 집착하는 경향이 있다.	①	②	③	④	⑤
3. 나는 상황이 나에게 좋지 않게 돌아갈 때, 그러한 어려움은 모든 사람이 겪는 인생의 한 부분이라고 여긴다.	①	②	③	④	⑤
4. 나는 내 부족한 점을 생각하면, 세상과 단절되고 동떨어진 기분이 든다.	①	②	③	④	⑤

5. 나는 마음이 아플 때, 나 자신을 사랑하려고 애를 쓴다.	①	②	③	④	⑤
6. 나는 나에게 중요한 어 떤 일에서 실패하면, 내 능력이 부족하다는 느낌에 사로잡힌다.	①	②	③	④	⑤
7. 나는 기분이 축 처지고 마음이 갈팡질팡할 때, 세상에는 나처럼 느끼 는 사람들이 많다고 생 각한다.	①	②	③	④	⑤
8. 나는 정말로 힘들 때, 나 자신을 더욱 모질게 대하는 경향이 있다.	①	②	③	④	⑤
9. 나는 어떤 일 때문에 마음이 상하거나 화가 나면 감정의 평정을 유 지하려고 노력한다.	①	②	③	④	⑤
10. 나는 뭔가 부족한 느 낌이 들면, 대부분의 다른 사람들도 그러 한 부족감을 느낄 거 라는 생각을 떠올리 려고 애를 쓴다.	①	②	③	④	⑤

11. 나는 내 성격 중에서 마음에 들지 않는 점을 견디거나 참기 어렵다.	①	②	③	④	⑤
12. 나는 정말 힘든 시기를 겪을 때, 내게 필요한 돌봄과 부드러움으로 나를 대한다.	①	②	③	④	⑤
13. 기분이 처져 있을 때, 대부분의 다른 사람들은 나보다 더 행복할 거라고 느끼는 경향이 있다.	①	②	③	④	⑤
14. 나는 뭔가 고통스러운 일이 생기면, 그 상황에 대해 균형 잡힌 시각을 가지려고 노력한다.	①	②	③	④	⑤
15. 나는 내가 겪은 실패들에 대해서 사람이라면 누구나 겪을 수 있는 일로 보려고 노력한다.	①	②	③	④	⑤
16. 마음에 들지 않는 나 자신의 어떤 면들을 보면, 스스로를 비난한다.	①	②	③	④	⑤

17. 나는 나에게 중요한 어떤 일에서 실패하면, 그 상황을 가급적 균형 잡힌 시각으로 보려고 한다.	①	②	③	④	⑤
18. 내가 정말 힘들게 애쓰고 있을 때, 다른 사람은 틀림없이 나보다 더 마음 편하게 지내고 있을 거라고 느끼는 경향이 있다.	①	②	③	④	⑤
19. 나는 고통을 겪고 있을 때, 나 자신에게 친절하게 대한다.	①	②	③	④	⑤
20. 나는 어떤 일로 기분이 상하거나 화가 날 때, 내 감정에 휩싸이는 경향이 있다.	①	②	③	④	⑤
21. 나는 고통을 겪을 때는 나 자신에게 약간 냉담하게 대하는 경향이 있다.	①	②	③	④	⑤
22. 나는 기분이 처질 때면 호기심과 열린 마음을 갖고 내 감정에 다가가려 노력한다.	①	②	③	④	⑤

23. 나는 내 자신의 결점 과 부족함에 대해 관 대하다.	①	②	③	④	⑤
24. 나는 고통스러운 일 이 생기면, 그 일을 크게 부풀려서(확대 해서) 생각하는 경향 이 있다.	①	②	③	④	⑤
25. 나는 중요한 어떤 일 에서 실패하면, 나 혼 자만 실패한 기분이 든다.	①	②	③	④	⑤
26. 내 성격 중에서 마음 에 들지 않는 부분에 대해 이해하고 견디 어내려고 한다.	①	②	③	④	⑤
합계					

※ 출처: 김경의, 이금단, 조용래, 채숙희, 이우경 (2008), 「한국판 자기-자비 척도의 타
당화 연구」, 『한국심리학회지: 건강』, 13(4), 1023-1044.
※ 1, 2, 4, 6, 8, 11, 13, 16, 18, 20, 21, 24, 25번 문항은 점수를 거꾸로 계산합니다.

누구에게나 삶이
힘겹게 느껴지는 이유

이른 아침. 몸도 제대로 가누지 못한 채 일어나 냉장고에서 아침거리를 꺼냅니다. 가족들 식사를 먼저 챙기고 나면 엊그제 마음에 걸린 일들이 소화되기도 전에 정신 없는 하루가 시작됩니다.

"조금만 더 먹고 가."

"그만해, 학교 늦었다고!"

"엄마가 뭘 알아? 내가 알아서 할 거야!"

전쟁 같은 시간을 뒤로하고 가족들의 흔적을 주섬주섬 담습니다. 식탁에 앉아 조용히 커피를 내려 마시는 것이 자신을 위한 유일한 즐거움처럼 느껴지지만 어쩐지 마음은 공허하기만 합니다.

일상에서 마주하는 다양한 어려움은 마음속 파도가 되어 끊임없이 밀려듭니다. 계속되는 부정적 생각과 감정에 자괴감과 피로감을 느끼기도 합니다. 다른 사람들은 아무렇지 않게 삶의 어려운 순간을 잘 견디며 사는 것 같습니다. 과연 언제쯤 이러한 괴로움에서 벗어날 수 있는 걸까요?

가정이라는 울타리 안에서 부모라는 책임감과 아내라는 역할을 모래주머니처럼 메고 달리다 보면 아이의 일은 어느새 나의 몫이 되고, 아이가 경험하는 상처와 아픔은 오롯이 내 책임으로 느껴집니다. 우리는 현재를 살고 있지만 아이를 향한 수많은 걱정은 우리를 온전히 현재에 머물지 못하게 만듭니다. 아직 일어나지도 않은 미래의 일을 생각하며 아픈 매를 미리 맞습니다.

'왜 나한테만 이런 어려움이 찾아오는 걸까.'

'걱정이 계속돼서 숨을 못 쉬겠어.'

'너무 버거워. 다 내려놓고 싶어.'

'더는 살고 싶지 않아.'

석가모니의 말처럼 삶은 고해입니다. 하루에도 수만 가지 생각과 걱정에 압도되고, 하나의 고민거리가 해결되면 어느새 다음 고민거리가 생겨납니다. 미뤄 왔던 걱정들이 봇물처럼 흘러나와 온 마음을 뒤덮습니다. 우리가 경험하는 수많은 번뇌와 고통은 과연 어디에서 시작되는 것일까요?

인간은 본디 연약한 동물이었습니다. 다른 동물들에 비해 몸집이 큰 것도 아니었고, 손발톱이 강한 것도 아니었지요. 그렇다고 파충류처럼 피부가 단단한 것도 아니었습니다. 인간은 거대하고 사나운 동물들과 도사리고 있는 외부의 위험에 대비해야만 했습니다. 그렇기에 우리 뇌는 항상 불안을 느끼고 부정적인 회로가 빠르게 돌아가도록 진화했지요.

현대 사회에서도 우리 뇌는 부정적인 생각을 쉽게 떠올립니다. 등교하는 아이를 보며 물가에 내놓은 아이처럼 걱정하거나 일어나지 않은 일에 대해 불안해하는 마음은 누구나 경험할 수 있는 반응입니다. 이렇게 외부 상황에 부정적으로 반응하는 경향성을 심리학에서는 '부정 편향'(negativity bias)이라고 합니다. 부정 편향이 높은 인류가 살아남아 그 유전자를 후대에 각인시켰다는 것이지요.[1]

'오만 가지 생각이 다 난다'라는 말 들어 보셨지요? 실제로 우리는 하루에 5만에서 6만 가지 생각을 한다고 합니다. 잠을 자는 시간을 제외하면 1초에 한 번씩 생각을 하는 셈이지요. 그런데 미국 심리학자 쉐드 햄스테더(Shad Halmstetter)에 따르면 인간이 하루 동안 떠올리는 수많은 생각 가운데 75퍼센트는 부정적인 것이라고 합니다.[2] 즉, 좋은 결과보다 아찔하고 불안한 결과를 떠올린다는 거죠.

삶에서 고통을 없애는 것은 애초에 불가능한 목표입니다. 심리학자들이 이를 죽은 자들의 목표라 부르는 것도 그런 이유 때문이지요. 고통에 집중할수록 누릴 수 있는 삶의 순간은 점점 줄어들게 됩니다.

그렇다면 괴로움이 가득하도록 설계된 인간의 삶에서 우리가 할 수 있는 것은 무엇일까요? 바로 고통과 싸우지 않고 삶에 온전히 전념하는 것입니다. 고통과 씨름하기 위해 샅바를 잡게 되면 삶은 괴로움으로 가득해집니다. 하지만 삶바를 내려놓고 이를 수용하는 순간, 삶에 전념할 수 있는 시간이 주어집니다.

빠르게 지나가는 생각의 화살은 각양각색의 모습을 하고 있습니다. 분노를 나타내는 빨간색 화살이 있는 반면, 우울한 생각을 가득 담은 검은색 화살도 있지요. 가끔은 낙관적인 생각을 담은 노란색 화살도 보입니다. 화살이 지나가는 것을 바라보는 것은 문제가 되지 않습니다. 그러나 그 화살을 하나하나 손으로 잡는다면 어떻게 될까요?

화살을 잡는 순간 그 생각은 강해집니다. 그야말로 생각에 '꽂히는' 것이지요. 부정적인 화살을 잡는 습관은 우리의 마음을 크게 위협합니다. 이렇게 고통을 붙잡는 습관은 쉽게 바뀌지 않습니다.

특히나 엄마가 예민해지고 불안해지면 아이들은 갈 곳을 잃습니다. 좋은 옷, 풍족한 경제적 환경을 마련해 주는 것보다 부모의 안정된 마음이 아이의 정서적 발달에 더욱 중요한 까닭이지요. 마음의 안정은 하루아침에 주어지는 선물이 아닙니다. 마음의 작동 방식을 정확하게 이해하고, 나만의 매뉴얼을 꼼꼼히 만들어야 가능한 일이지요. 그렇다면 고통을 붙잡지 않고 충만한 삶을 살기 위해서는 어떻게 해야 할까요?

첫째, 있는 그대로 바라보고 관찰하는 습관을 길러야 합니다. 생각은 우리의 의지로 떠올리는 것이 아니라 뇌의 자연스러운 작용입니다. 떠오르는 수많은 생각을 하나하나 잡지 않고 있는 그대로 지나가도록 두는 것은 충만한 삶에 큰 도움이 됩니다. 구름이 지나가는 것을 바라보듯이, 자동차가 고속도로를 지나가는 것을 바라보듯이, 생각이 들어왔다 나가는 통로를 만들어 주는 것이지요. 생각은 우리가 붙잡는 순간 영향을 끼치기 시작합니다. 그렇지 않으면 그저 고속도로를 빠르게 지나가는 자동차에 불과할 따름이지요. 생각이라는 괴물이 우리를 잡아먹게 할지 말지는 전적으로 우리에게 달려 있습니다.

둘째, 뇌의 회로를 긍정적으로 만들어 나가는 습관도 도움이 될 수 있습니다. 우리 뇌에 있는 신경 가지인 시냅스는 자주 생각하고 활용하는 방향으로 가지를 뻗고 사고를 결정합니다. 성장과 재조직을 통해 뇌가 스스로 신경 회로를 바꾸는 능력을 '뇌 가소성'(brain plasticity), 또는 '신경 가소성'(neuroplasticity)이라고 하지요. 이러한 특징을 잘 활용하면 부정적 뇌의 회로와 마찬가지로 긍정적 뇌의 회로 역시 얼마든지 만들어 낼 수 있습니다.

뇌의 긍정 편향을 강화시키는 대표적인 방법으로는 감사 일기가 있습니다. 감사하는 태도는 다양한 연구를 통해 신체 건강에 유의미한 영향을 미치는 것으로 밝혀졌습니다. 일상 속 작은 일에서 감사할 점을 찾아내기 시작하면 시냅스는 뇌를 긍정적 방향으로 강화시킵니다. 실제로 심리학자 로버트 에먼스(Robert Emmons)는 감사 일기를 쓴 집단이 일반적인 일기를 쓴 집단보다 훨씬 더 높은 행복지수를 나타냈다는 연구 결과를 발표하기도 했습니다.[3] 시냅스를 형성하는 데는 최소 21일이 걸리기 때문에 꾸준히, 그리고 재미있게 실천하는 것이 좋습니다.

부정편향을 감소시키는 감사 일기 습관 만들기

- 일정한 시간을 정해 매일 감사 일기를 써 봅니다.
- 하루를 시작하며 적는 것도 좋고, 마무리하며 적는 것도 좋습니다. 처음에는 하루를 마무리하며 적는 것이 쉽게 느껴질 수 있습니다.
- '~를 해서 감사합니다'와 같이 간단한 문장으로 하루 세 가지 정도 적어 봅니다.
- 사소한 일들 역시 감사의 대상이 될 수 있습니다. 내가 먹은 음식, 기억나는 순간 등 감사의 순간들을 놓치지 말고 적습니다.
- 최소 21일 이상 지속해 습관으로 만들어 봅니다.

디지털 방식을 선호하는 경우 : 일기 어플 활용하기

- 글씨로 쓰는 것보다 모바일 또는 컴퓨터를 활용하는 데 익숙하다면 일기 어플을 활용해 봅니다.
- 일기 어플을 사용하면 짧은 문장과 사진 한 장으로 감사한 일들을 간단히 기록할 수 있습니다. 꾸준히 활용해 습관으로 만드는 것이 중요합니다.

아날로그 방식을 선호하는 경우 : 자기만의 일기장 사용하기

■ 종이 위에 쓰는 방식이 익숙하다면 자신이 좋아하는 질감의 종이와 펜을 준비해 일기를 씁니다.
■ 써 내려가는 감각에 집중하며 자신의 마음을 들여다봅니다.
■ 감사 일기를 리추얼로 만들어 하루를 기쁘게 마무리합니다.

가족들과 감사한 일 나누기

■ 저녁 식사를 하며 오늘 하루 감사했던 일들을 한 가지씩 나눠 봅니다. 잠자리에 들기 전 자녀와 함께 나눠도 좋습니다.
■ 왜 그 일들에 감사했는지 나누며 서로의 마음을 들여다봅니다. 감사의 대화를 나눔으로써 긍정적인 시냅스를 활성화할 수 있게 됩니다.

변화시킬 수 없는 일
변화시킬 수 있는 일

　　돈을 흥청망청 쓰다 보면 어느새 텅 빈 지갑과 통장 잔고를 발견하게 됩니다. 예산을 세우고, 꼭 필요한 곳에만 소비하는 습관을 들이는 것은 바로 유한한 재화를 가치 있게 쓰기 위해서지요.

　　심리적 에너지 역시 마찬가지입니다. 눈에 보이지 않는다는 이유로 아무렇게나 사용하다 보면 어느새 소진되어 버리고 맙니다. 써야 할 곳과 쓰지 말아야 할 곳을 구분하지 않다 보니 텅 빈 마음의 곳간을 마주하게 되는 것이지요. 충만한 삶을 살아가려면 꼭 필요한 영역에만 마음의 연료를 써야 합니다. 그렇다면 우리는 무엇을 어떻게 해야 할까요?

하버드대학교에는 눈 깜짝할 사이에 수강 신청이 마감 되는 인기 강의가 있습니다. 바로 '행복학' 강의입니다. 이 강의가 그토록 매력적인 이유는 무엇일까요? 그동안 다루지 못한 내면의 소중함과 중요성을 학생들이 깨닫고 있기 때문 이 아닐까요? 다음은 행복학 강의의 내용을 담은 책 『마음의 속도를 늦춰라』의 한 구절입니다.

> 세상에는 두 종류의 일이 있다. 하나는 바꿀 수 있 는 일이고, 다른 하나는 바꿀 수 없는 일이다. 바꿀 수 없는 일을 바꾸려고 하는 것은 헛된 시도이며, 괴로움만 더해질 뿐이다. 행복해지고 싶다면 먼저 바꿀 수 없는 일들을 있는 그대로 받아들이고 자 신의 힘으로 바꿀 수 있는 일들을 찾은 뒤 그것을 바꾸기 위해 꾸준히 노력하라.

우리 삶에는 통제 가능한 일과 불가능한 일이 있습니 다. 심리적 에너지를 잘 활용하려면 변화시킬 수 있는 것과 변화시킬 수 없는 영역을 구분하는 것이 중요합니다. 만약 에너지를 쏟아붓는 영역이 올바르지 않다면 어떻게 될까요?

30대 후반 윤희 엄마는 요즘 스트레스가 이만저만이 아닙니다. 아이가 초등학교에 입학한 후 엄마들 모임에서 시간을 보내는 날이 많아졌기 때문입니다. 하교 시간에도 함께 아이들을 기다리며 양육 정보를 주고받다 보니 어느새 언니 동생이 되어 집안의 대소사까지 나누는 사이가 되었습니다.

사실 윤희 엄마는 외향적인 성격이 아니었습니다. 혼자 시간을 보내며 스트레스를 해소했고, 많은 사람들을 만나고 돌아오는 날이면 며칠 동안 집 밖에 나가지 않았습니다. 나이도 성격도 다른 엄마들과 어울리다 보니 어느 장단에 맞춰야 할지 몰라 괜히 주눅이 듭니다. 특히 가장 연장자인 언니의 표정이 좋지 않은 날이면 자신이 말실수를 한 것은 아닌지 내내 고민을 합니다. 안 그래도 신경 쓸 일이 많은데 하루에도 수십 번씩 이런 생각을 떠올리다 보니 남는 것은 자책과 괴로움뿐입니다. 가족에게 써야 하는 에너지를 스트레스로 소진하고, 애꿎은 아이에게 짜증을 내는 일도 많아졌습니다.

윤희 엄마는 문득 자신의 에너지가 잘못된 방향으로 쓰

인다는 것을 알아차리게 되었습니다. 통제할 수 없는 타인의 마음에 신경을 쓰자니 한도 끝도 없었습니다. 에너지의 방향을 자신에게로 돌려 그동안 놓치고 있던 생활을 바로잡아 갔습니다. 매일 아침 운동을 나갔고 오랫동안 미뤄 둔 책 읽기를 시작했습니다. 자신이 변화시킬 수 있는 영역에 에너지를 쓰고 타인의 마음은 있는 그대로 수용하기 시작하자 놀랍게도 삶의 밸런스가 잡히고 활력을 되찾을 수 있었습니다. 엄마 모임에도 더욱 가벼운 마음으로 참여할 수 있게 되었습니다.

때때로 우리는 변화시킬 수 없는 부분에 많은 심리적 에너지를 씁니다. 그럴수록 마음은 방전되며 더욱 깊은 괴로움에 빠지게 되죠. 아무리 애를 써도 바뀌지 않기 때문에 무력감도 한층 짙어질 수밖에 없습니다. 가장 좋은 전략은 변화시킬 수 없는 부분은 있는 그대로 수용하고, 변화시킬 수 있는 부분에는 시간과 마음을 쏟아붓는 것입니다. 이렇게 하면 무력감과 괴로움은 줄어들고 삶의 성취는 늘어나게 됩니다. 이해를 돕기 위해 다음 고민 리스트를 이어서 작성해 볼까요? 현재 자신이 가진 고민을 구체적으로 적으면 더욱 좋습니다.

고민 리스트

1. 지나간 과거의 일
2. 아이의 사춘기 시기 변화들
3. 타인의 마음
4. 목표로 하고 있는 계획들
5. 나의 마음
6.
7.

리스트를 보면서 내가 바꿀 수 있는 것과 바꿀 수 없는 것을 구분해 봅니다. 1, 2, 3은 우리가 어찌할 수 있는 부분이 아닙니다. 반면 4, 5는 우리가 바꿀 수 있는 부분입니다. 지나간 과거나 다른 사람의 마음처럼 우리가 통제할 수 없는 부분에 집착하며 수많은 에너지와 시간을 허비한다면 정작 우리가 바꿀 수 있는 부분에는 사용할 에너지가 부족해집니다. 용기를 가지고 노력해 바꿀 수 있는 수많은 기회조차 잃어버리게 되는 것입니다.

'왜 이런 일이 나에게 일어난 걸까?'

'왜 그 사람은 그런 말과 행동을 하는 거지?'

통제할 수 없는 과거와 타인의 마음에 대한 집착은 밤새 멈추지 않는 생각과 괴로움, 불면으로 이어집니다. 변화시킬 수 없는 부분은 내려놓고, 변화시킬 수 있는 부분이 무엇인지 정확히 인식할 수 있게 되면 우리는 심리적 에너지를 지혜롭게 사용할 수 있습니다.

외적으로 유한한 재화를 합리적으로 소비하듯이, 내적으로 유한한 심리적 에너지를 지혜롭게 활용하는 습관은 삶에서 꼭 필요한 마음 수업입니다. 이러한 구분이 괴로움의 덫에 빠지지 않고 살아갈 수 있는 중요한 원동력이 된다는 점을 기억해 주세요.

신이시여,
저에게 변화시킬 수 있는 것을
바꿀 수 있는 용기를 주옵시고
변화시킬 수 없는 것을 받아들일 수 있는 힘을 주소서.
그리고 이 둘을 구별할 줄 아는 지혜를 주옵소서.

– 「라인홀드 니버의 기도문」 중에서

엄마의 마음이
아이의 마음을 만든다

선예 씨는 얼마 전 넷플릭스 드라마 〈더 글로리〉를 알게 되었습니다. 세계적으로 화제가 된 드라마였지만 학교 폭력을 다룬다는 말을 듣고 나서는 더 이상 보고 싶지도, 사람들의 대화에 끼고 싶지도 않았습니다. 20여 년 전 당한 학교 폭력의 상처가 아직도 뇌리에 생생하게 남아 있었기 때문입니다. 학생 시절 겪었던 아픈 기억들은 머릿속 상영관에서 끊임없이 재연됩니다. 비슷한 소재가 나올 때마다 슬쩍 자리를 피해야 하는 선예 씨의 마음은 무겁고 우울하기만 합니다.

문제는 소중한 외동딸 지민이였습니다. 지민이는 선예 씨를 꼭 닮은 세상 하나뿐인 예쁜 딸입니다. 지민이가 선예 씨의 품 안에서 잠들고 쑥쑥 자라며 아장아장 걸을 때 그녀와 남편은 세상을 다 가진 것처럼 행복했습니다. 자신이 모든 것을 해줄 수 있음에 기뻤고, 아이로부터 받는 무조건적인 사랑은 세상 그 어떠한 선물보다도 값지게 느껴졌습니다. 하지만 육아 휴직 기간이 끝나고 아이가 유치원에 등원하면서부터 선예 씨의 모든 신경은 지민이의 친구 관계에 쏠리기 시작했습니다. 아이가 지나가듯 던지는 말 한마디에 엄마는 머리가 하얘집니다.

"엄마, 오늘 하영이랑 놀았는데 나하고 노는 게 재미없다고 민지한테 가 버렸어."

"그래? 그래서 어떻게 했어? 지민이 많이 속상했던 거 아니야?"

"아니, 나도 다른 친구랑 놀 거라고 하고 놀이터에 나가서 다른 친구들이랑 놀았어."

대수롭지 않게 반응하는 지민이와 달리 선예 씨는 심장

이 '쿵' 하고 내려앉습니다. 아이 앞에서 티를 내지는 않았지만 마음속에는 근심이 가득합니다.

아이가 잠들자 남편은 선예 씨의 피로를 풀어줄 겸 말을 걸어 봅니다. 육아 퇴근을 했으니 모처럼 치킨에 맥주라도 시켜 먹자고요. 하지만 선예 씨 귀에는 그 이야기들이 들어오지 않습니다.

'애가 참 영악하네. 앞으로 절대 가까이 하지 않게 해야겠어. 이러다가 원에서 우리 지민이만 왕따 되는 거 아니야? 초등학교에 입학해서 그 애들 중 하나라도 같은 반이 되면 어떡하지? 그래, 무슨 일이 일어나기 전에 내가 먼저 손을 써 놓는 편이 좋겠어.'

자신의 어린 시절이 아이에게 반복될 것만 같은 두려움과 불안함에 지민이의 일거수일투족을 통제하기 시작했습니다. 어떤 친구들과 친하게 지내는지 알아보고 아이의 스마트폰을 보며 어떤 대화를 나눴는지 확인했지요.

시간은 빠르게 흘렀습니다. 아이가 초등학교에 입학한 지도 벌써 네 번째 해가 되었지요. 선예 씨는 여전히 학기 초만 되면 선생님께 문자를 보내고 전화를 합니다. 개학한 지 겨우 3일밖에 지나지 않았지만 불안함을 견디지 못하고 아이 일에 과도하게 개입합니다. 이렇게까지는 하지 말자며 다짐해 보지만 그것이 아이의 마음을 지킬 수 있는 유일한 방법이기에 멈출 수 없습니다.

자신의 모습을 닮아 가는 아이를 보며 선예 씨의 마음은 점점 초조해집니다. 지민이는 엄마의 불안에 부응이라도 하듯 친구들의 반응 하나하나를 보고하고 오늘은 괜찮은지 확인받습니다. 씩씩하고 당찼던 지민이는 그렇게 달라져 있었습니다.

마음의 상처는 저마다 그 모양과 크기가 다르지만 심각한 마음의 외상은 비슷한 양상을 나타내곤 합니다. 흔히 '트라우마'라고 불리는 외상 후 스트레스 장애는 극심한 외상적 사건에 대해 1개월 이상 완화되지 않는 심리적 반응을 의미합니다. 트라우마는 대개 누군가의 죽음, 또는 자신을 위협했던 과거의 충격적인 경험에서 발생합니다. 이러한 경험으로는 사고나 재해, 대인 관계에서 겪은 폭력 등을 들 수 있지요.

트라우마를 겪는 사람들에게는 과거에 경험했던 외상적 사건이 부지불식간에 반복적으로 떠오릅니다. 그때 그 시간으로 돌아간 것처럼 몸과 마음에 강렬한 고통이 동반되지요. 같은 장면만 계속해서 틀어 주는 고장 난 상영관처럼, 마음속에 반복적으로 떠오르는 고통스러운 장면은 우리 삶을 피폐하게 만듭니다.

한편 트라우마를 겪는 이들은 관련 자극을 회피하고 무감각하게 느끼는 경향이 있습니다. 사람이나 장소를 회피하는 일이 자연스럽게 늘어나고 중요한 사회 활동에도 점차 참여하지 않게 되는 것이지요. 삶에서 느낄 수 있는 소소한 즐거움도 줄어들 수밖에 없습니다.

비슷한 자극에 예민해지고 초조함을 느끼기도 합니다. '자라 보고 놀란 가슴 솥뚜껑 보고 놀란다'라는 속담처럼 감각이 과도하게 각성되는 것이지요. 우리 몸은 각성과 이완이 적절한 균형을 유지해야 하는데 많은 시간을 과도한 각성 상태로 보내다 보니 빨리 지치게 됩니다. 특히 선예 씨와 같이 대인관계 폭력을 반복적으로 경험한 사람은 인지, 정서, 행동과 같은 전반적인 심리 기능이 무너지기도 합니다. 자기 인식마저 흔들리게 되는 것이지요.

하지만 어린 시절 트라우마를 경험한 모든 부모가 마음의 상처를 안고 살아가는 것은 아닙니다. 자신의 상처를 직

면하고 돌보기 위해 새로운 선택을 하기도 합니다. 이들은 트라우마가 자신의 삶에 미치는 영향력을 인식하고 이를 치유하는 데 온 힘을 쏟습니다. 회피하는 삶 대신 온전한 삶으로 회귀하는 것이지요. 이러한 이해가 없다면 무의식 속에 남겨둔 부모의 상처는 은연중에 아이의 마음에 불안함과 예민함을 심어줄 수 있습니다. 심리학자 마틴 셀리그먼(Martin Seligman)이 주장한 '학습된 무기력'⁴처럼 '학습된 불안감'을 습득하는 셈이지요.

엄마의 마음에 상처가 있다면 반드시 먼저 치유해야 합니다. 부모의 말과 행동이 아이 내면에 큰 영향을 주기 때문입니다. 무의식 속에 꼭꼭 담아 놓은 상처가 삶을 끌고 가게 해서는 안 됩니다. 마음속 상처의 영향으로 자녀를 통제하고 모든 위험을 회피하게 만들면 자녀는 세상을 늘 '위험' 그 자체로 받아들이게 됩니다. 선예 씨 역시 지민이의 불안이 견고해지는 것을 보며 먼저 자신의 마음을 치료하기로 결심했습니다. 그렇다면 이러한 상처의 대물림을 멈추려면 어떻게 해야 할까요?

첫 번째 걸음은 자신의 상처를 있는 그대로 바라보는

것입니다. 불안할 수밖에 없었던 어린 시절의 나를 따뜻하게 안아 주고 보듬어 주는 일이 필요합니다.

우리는 수많은 시간을 자책과 수치심으로 보내곤 합니다. 심지어 자신의 잘못이 아닌 일에도 과거의 기억을 곱씹으며 자꾸만 스스로 괴롭힙니다. 하지만 비슷한 상황을 겪게 되면 누구든 불안함과 초조함을 느끼는 것이 정상임을 자신에게 전해 줘야 합니다.

자책감을 내려놓고 과거의 불안과 슬픔을 있는 그대로 바라봐 주세요. 자신에게 소중하고 중요한 일이라면 무엇이든 스스로 해나갈 수 있음을 인식해야 합니다. 불안해서 하지 못하는 것이 아니라, 불안하더라도 소중한 내 사람들을 지켜나갈 수 있음을 인식해야 합니다. 그렇게 하면 상처가 대물림되지 않도록 할 수 있습니다.

두 번째 걸음은 자신의 기억을 억제하거나 통제하려고 하지 않는 것입니다. 미국의 사회심리학자 페니베이커(James Pennebaker)의 연구에 따르면 억제는 트라우마 증상을 더욱 심화시킵니다.[5] 하지만 슬프고 비참했던 과거의 기억을 지속적으로 털어놓을 수 있는 창구가 만들어지고 나면 마음속 상처를 점차 쉽게 받아들일 수 있게 됩니다.

상담 전문가에게 자신의 마음을 솔직하게 털어놓는 것도 좋지만, 아직 말로 하기 어려운 단계라면 자신만의 안전한 공간에서 글을 쓰는 것을 추천합니다. 블로그나 SNS에 비공개로 글을 올리는 것도 좋고, 자신만의 일기장을 만드는 것도 좋습니다. 중요한 것은 마음을 억누를수록 나를 좌지우지하는 무의식 속 괴물에게 더 큰 힘을 실어주게 된다는 것입니다. 상처를 인식하고 보듬으며 적응과 치유의 과정을 거치면 과거에서 벗어나 새로운 세상으로 나아갈 수 있습니다. 우리에게 선택의 힘이 있음을 기억해 주세요.

트라우마를 극복하는 과정에서 평소 자신이 가치 있게 여기던 것들의 우선순위가 다시 세워지기도 합니다. 변화를 겪은 사람들은 힘이 되어 준 이들과 더욱 깊은 관계를 맺으며 감사를 느끼고 삶의 풍요로움을 맛보게 됩니다. 트라우마만 극복하는 것이 아니라 긍정적인 심리 변화까지 경험하는 것이지요.

심리학에서는 이를 '외상 후 성장'(PTG, Post-Traumatic Growth)이라고 부릅니다. 이를 경험한 사람은 다른 사람들의 아픔을 이해하고 치유하는 능력이 있습니다. 자신이 받은 상처를 통해 다른 사람들을 돕는 것이지요. 실제로 깊은 이해와 치료 능력을 가진 이들 가운데는 '상처 입은 치유자'라는 뜻의 '운디드 힐러'(wounded healer)가 많습니다. 학교 폭력으로 마음의 문을 닫고 살아온 선예 씨가 비슷한 상처를 가진 이들의 마음을 보듬는다면 운디드 힐러가 될 수 있습니다.

과거의 상처 속에서 자책에 빠지는 두 번째 화살을 쏘지 마세요. 첫 번째 화살을 맞은 자신을 따뜻하게 보듬어 주세요. 고통은 삶에서 길을 잃게 만들기도 하지만 어려움 속에서 가장 중요한 것이 무엇인지를 보여주기도 합니다. 타버린 동산 위에 '새로운 가치'와 '성장'이라는 새싹을 틔워 주세요. 어느새 들판을 뒤덮은 초록빛 싱그러움이 같은 상처를 입은 이들에게 쉴 곳을 제공해 줄 것입니다.

글쓰기의 치유 효과

글쓰기에는 치유 효과가 있습니다. 실제로 페니베이커가 트라우마를 경험한 사람들을 대상으로 하루 15~20분 정도 글쓰기를 꾸준히 지속하게 한 결과 신체적·정신적으로 유의미한 치유 효과가 나타났습니다.

주의해야 할 점은 일상적인 내용이 아니라 힘들었던 경

험과 감정을 구체적으로 써야 한다는 것입니다. 처음에는 그때의 기억이 떠오르며 불편한 느낌이 들 수 있지만 억눌린 감정이 해소되면 스트레스가 조금씩 줄어들며 마음이 편안해집니다. 자기만의 장소와 시간을 찾아 치유의 시간을 가져 보세요. 내면을 표현할 수 있는 창구를 만들면 트라우마 증상이 완화되고 삶의 질이 향상됩니다.

억눌린 생각과 감정은 무의식에 꽁꽁 묶여 있다가도 비슷한 자극을 만나면 다시 터져 나올 수 있습니다. 여전히 여러분을 괴롭히는 자극들이 있다면 치유의 글쓰기로 마음의 공간을 보듬어 주세요. 글을 쓰면 과도한 반응이 자동으로 올라오지 않게 되고, 내면에 귀 기울이는 시간도 늘어납니다. 자신의 마음을 돌보는 가장 효과적인 방법입니다.

'외상 후 스트레스 장애' 자가 진단 검사

두려웠던 경험, 끔찍했던 경험, 힘들었던 경험, 그 어떤 것이라도 있다면, 그것 때문에 지난 한 달 동안 다음을 경험한 적이 있습니까?	아니오	예
1. 그 경험에 관한 악몽을 꾸거나, 생각하고 싶지 않은데도 그 경험이 떠오른 적이 있었다.	0	1
2. 그 경험에 대해 생각하지 않으려고 애쓰거나, 그 경험을 떠오르게 하는 상황을 피하기 위해 특별히 노력했다.	0	1
3. 늘 주변을 살피고 경계하거나, 쉽게 놀라게 되었다.	0	1
4. 다른 사람, 일상 활동, 또는 주변 상황에 대해 가졌던 느낌이 없어지거나, 그것에 대해 멀어진 느낌이 들었다.	0	1
5. 그 사건이나 그 사건으로 인해 생긴 문제에 대해 죄책감을 느끼거나, 자기 자신이나 다른 사람에 대한 원망을 멈출 수가 없었다.	0	1
합계		

※ 점수를 합산해 결과를 진단합니다.(다음 페이지)

정상 (총점 0~1점)	일상생활 적응에 지장을 초래할 만한 외상 사건 경험이나 이와 관련된 인지적, 정서적, 행동 문제를 거의 보고하지 않았습니다.
주의 요망 (총점 2점)	외상 사건과 관련된 반응으로 불편감을 호소하고 있습니다. 평소보다 일상생활에 적응하는 데 어려움을 느끼신다면 추가적인 평가나 정신 건강 전문가의 도움을 받아보시기를 권해 드립니다.
심한 수준 (총점 3~5점)	외상 사건과 관련된 반응으로 심한 불편감을 호소하고 있습니다. 평소보다 일상생활에 적응하는 데 어려움을 느낄 수 있습니다. 추가적인 평가나 정신 건강 전문가의 도움을 받아보시기를 권해 드립니다.

※ 출처: 국가정신건강서비스포털 의학정보

아이와 함께
성장하는 엄마

때때로 자녀는 엄마의 숙원 사업이자 희망이며 또 다른 자아입니다. 그러다 보니 아이를 향해 자신의 욕구와 감정을 투사하고 일거수일투족 잔소리를 하게 됩니다. 아이는 엄마의 마음을 이해할 수 없고 세상에서 가장 사랑하는 사이는 어느새 애증 가득한 원수지간이 되어 버립니다. 마음은 그렇지 않은데 서로가 서로에게 더욱 아픈 상처를 주게 됩니다.

자녀를 양육하는 최종 목표는 한 사회의 구성원으로서 자신의 몫과 역할을 다할 수 있게 독립시키는 것입니다. 독립은 한 명의 사회인으로서, 한 가정의 부모로서, 사랑하는 사람을 책임질 수 있는 배우자로서 자신의 몫을 온전히 감당할 수 있음을 의미합니다. 하지만 이러한 목표를 인지하지 못한 채 엄마가 자녀로부터 독립하지 못하면, 자녀 역시 엄마의 그늘에 매여 자기 몫을 다하기 어렵게 되어 버립니다.

'헬리콥터 맘'이라는 말 많이 들어보셨지요? 작가 네드 제먼(Ned Zeman)이 『뉴스위크』에서 처음 사용한 이 개념은 언제나 자녀 주변을 헬리콥터처럼 맴돌며 모든 일에 간섭하는 엄마를 의미하는 말입니다. 친구 관계는 물론, 학교와 교사에 대한 간섭, 대학교 수강 신청에서 학점 관리, 취업과 배우자를 선택하는 문제에 이르기까지 종류도 다양하지요. 심지어 회사에 입사한 성인 자녀의 상사에게까지 엄마가 관여해 화제가 되었던 일들도 있었습니다. 최근 연구에 따르면 헬리콥터 맘 성향을 지닌 부모를 둔 아이들일수록 낮은 자아 존중감과 높은 위험 행동을 보인다고 합니다. 결과적으로 서로에게 독이 되는 것이지요.

하나의 온전한 인간으로 성장해 나가는 데는 각 시기마

다 필요한 핵심 과업이 있습니다. 영유아기는 신뢰감을 쌓는 애착의 시기이기에 아기가 보내는 다양한 반응에 민감하게 귀 기울이며 관여하는 것이 당연합니다. 이 시기 부모의 적극적인 개입은 문제가 되지 않습니다. 오히려 방치하는 것이 문제가 되지요.

아동기부터는 자녀의 욕구에 귀 기울이되, 필요한 부분에서는 일관적으로 한계를 설정해 줘야 합니다. 무엇이 가능하고 불가능한지를 인식하고, 적절한 수준의 좌절감과 고통을 받아들임으로써 감정 조절 능력을 기를 수 있기 때문입니다. 부모는 아이를 멸균 상태로 만들면 안 됩니다. 아이가 스스로 어려움을 견뎌내고 성장할 수 있도록 해야 합니다. 부모가 할 일은 아이의 손발이 되어 주는 것이 아니라 권위를 가지고 삶의 본질과 방향을 보여주는 것입니다.

이러한 과정이 쌓인 뒤에는 신뢰가 시작되어야 합니다. 초등학교 고학년이 되면 엄마 품만 찾던 아이는 어느덧 친구들을 찾게 됩니다. 서운한 마음도 들겠지만 청소년기부터는 믿고 지켜봐 주는 여유가 필요합니다. 사회 구성원으로서의 독립을 응원하고 지지해 주는 것이지요.

하지만 이러한 과정을 반대로 하는 부모들이 의외로 많

습니다. 어린 시절에는 아이가 존재만으로도 너무나 예쁘기에 일관되지 않은 양육 환경을 제공하는 것이지요. 혼을 내려다가도 귀여운 웃음에 넘어가고 엄마의 컨디션에 따라 그때그때 기준을 달리하게 됩니다. 단호하게 훈육해야 하는 상황에서도 필요한 한계를 설정해 주지 않습니다.

이렇게 자란 아이는 초등학교에 들어가서 감정 조절에 큰 어려움을 겪게 됩니다. 자신의 행동을 막아서는 규칙을 처음으로 마주하다 보니 작은 일에도 분노가 일어나는 것이지요. 당연히 학교에서도 연락이 자주 오게 됩니다. 담임 선생님의 전화에 마음 졸이며 학기 초를 보내다 보면 어느새 다 커 버린 아이를 통제하고 감시하는 자신을 발견합니다. 아이를 지켜봐 줘야 하는 시기에 행동 하나하나를 통제하려다 보니 자녀와 부모의 관계는 틀어질 수밖에 없지요.

결론적으로 아동기에는 질적인 시간과 개입을, 정서적인 독립이 시작되는 청소년기에는 이러한 관심을 엄마쪽으로 가져오는 것이 큰 도움이 됩니다. 청소년기가 지난 뒤에도 자녀로부터 정서적인 독립을 하지 못하면 엄마는 자신의 시간과 삶을 잃어버리게 됩니다. 자녀 역시 자아정체감에 혼란이 오고 본인의 몫을 다할 수 없게 되지요. 잘못된 방향 설정은 엄마와 자녀 모두의 성장을 망가뜨리는 혹독한 대가를 치릅니다.

애착과 한계 설정의 단계를 차곡차곡 잘 쌓았다면 이제는 엄마 자신을 키우는 시간을 늘려 주세요. 육아로 지친 스스로를 안아 주는 시간을 가져도 좋습니다. 명상을 하고, 좋아하는 분야의 책을 빌려와 읽어보세요. 커피를 좋아한다면 이참에 바리스타 자격증에 도전해 봅시다. 독립된 시간을 서로 의미 있게 보내는 것은 정서상으로나 발달 과업상으로나 모두에게 도움이 됩니다.

성장하는 엄마는 자녀들에게 긍정적 자극을 줍니다. 동기를 부여하고 함께 성장하는 동반자라는 느낌을 줄 수 있기 때문이지요. 엄마 역시 자녀와 가족들을 위해 살아온 자신의 역할에서 벗어나 내면의 소리에 귀를 기울이며 자기 자신으로 존재할 수 있습니다.

전업주부 10년 차인 수연이 엄마는 얼마 전 처음으로 자신을 위한 글쓰기 프로그램에 등록했습니다. 어린 시절부터 품어 왔던 작가의 꿈을 제대로 이뤄 보기로 마음먹은 것이지요. 사춘기와 갱년기로 서로를 힘들게 했던 수연이와 엄마는 '성장'이라는 가치를 공유하면서 많은 부분에서 변화를 느끼고 있습니다.

사실 수연이 엄마는 전형적인 헬리콥터 맘이었습니다. 눈이 오나 비가 오나 아이를 차에 태우고 학교와 학원 사이를 마르고 닳도록 달려왔지요. 하지만 그럴수록 아이는 점점 많은 것을 요구하기 시작했습니다.

"하라는 것 다 했으니 이제 게임해도 되죠?"
"이거 다 끝나고 나면 핸드폰 바꿔 주세요."

아이는 학원만 끝나면 자신의 욕구를 채우려 합니다. 내적 동기가 사라진 자리에 보상이 자리 잡게 된 것이지요. 다른 엄마들의 말과 기준만으로 아이를 끌고 가다 보니 돈과 체력은 점점 떨어져 갔습니다. 아이를 위해 한 일이 아이러니하게도 아이의 마음근육을 없애고 있다는 것을 느낀 수연이 엄마는 새로운 선택을 내리기로 했습니다. 엄마와 아이의 시간을 분리해 보기로 한 것입니다.

엄마의 운전 길은 이제 수연이의 몫입니다. 수연이는 친구들과 함께 학원 버스에 오르고 자신의 일정을 꼼꼼히 체크합니다. 하루 일과가 끝나면 함께 저녁 식사를 하고 각자의 시간을 보냅니다.

엄마는 매일 수연이만큼의 과제를 해내고 글쓰기가 너무 재미있다며 아이를 향해 빙그레 웃음을 짓습니다. 처음으로 블로그에 글도 쓰기 시작했습니다. 서로 으르렁거리던 시간이 줄어드니 아이도 자신이 해보고 싶었던 것을 조금씩 이야기합니다. 그전에는 잠들기 전까지 스마트폰만 쳐다보던 수연이도 엄마 곁에서 남은 숙제를 하기 시작합니다. 때로는 엄마의 글을 읽고 장난스러운 피드백을 주기도 합니다. 수연이와 엄마는 이제 세상 누구보다 서로를 응원하는 사이가 되었습니다.

아이가 성장하면 엄마의 역할도 함께 성장해야 합니다. 성장과 독립의 기회를 박탈당한 아이는 '어른 아이'로 살아갈 수밖에 없습니다. 함께 성장하는 가치를 깨달은 아이와 엄마는 세상에서 가장 좋은 동반자이자 지원군이 될 수 있습니다. 자녀와 아이가 함께 성장하는 삶. '통제하는 엄마'가 아닌 '성장을 멈추지 않는 엄마'가 되어야 하는 이유입니다.

아이의 성장을 망가뜨리는 눈먼 사랑

최근 교실 내 문제 행동을 보이는 '금쪽이'들이 늘어나고 있습니다. 아무렇지 않게 친구들에게 폭력을 휘두르고 분노를 표출합니다. 이러한 아이들에게 교실의 규칙은 그저 말뿐인 허울에 불과합니다. 문제는 이러한 행동을 보이는 아이도, 함께 생활해야 하는 선생님과 친구들도 모두 불행해진다는 점입니다.

뇌가 새로운 것을 인지하고 새로운 시냅스를 만들어 내는 가소성의 최소 기간은 21일입니다. 이를 고려하면 1년이라는 시간은 교실 내의 경험들이 축적되고 학습되기에 결코 짧은 시간이 아닙니다. 인권조례 및 아동학대법 등으로 문제 행동을 제지하지도 못하는 상황 속에서 폭력적인 행동을 보이는 아이들은 무소불위가 되어 갑니다. 이렇게 되면 1년이라는 시간 동안 소수의 문제 행동으로 다수가 상처의 시간을 살아내야 합니다. 눈물 흘리는 선생님과 나머지 아이들의 트라우마를 더 이상 간과해서는 안 됩니다. 그들의 교실 내 삶의 질도 보장되어야 합니다.

부모에게 받는 사랑과 인정은 '애착'이라는 기둥을 세우는 데 매우 중요한 요소입니다. 사랑받고 자라는 것은 매우 중요합니다. 그러나 대부분의 상황을 아이에게 맞춰 가는 부모는 결국 아이에게 끌려가게 됩니다. 이렇게 자란 아이들은 과연 행복해질까요?

간과되지 말아야 할 또 하나의 기둥은 바로 일관된 '한계 설정'입니다.

인간은 유아기부터 무의식적으로 한계 설정의 욕구를 가지고 있습니다. 한계와 규칙을 정함으로써 안정감을 얻고 보호받는다는 느낌을 받는 것이지요. 심리학에서는 아동기에 이러한 한계 설정이 제대로 이루어지지 않으면 아이들이 특권 의식과 자기 과잉을 보인다고 말합니다. 특권 의식을 가지고 욕구를 바로 채우는 게 익숙하다 보면 자신을 억제하고 통제하는 상황에 감정이 요동칩니다. '그렇게 하면 안 돼'라는 친구의 말 한마디가 공격처럼 느껴집니다. 애정과 한계 설정을 위한 훈육은 반드시 한 팀이 되어야 합니다.

집을 유지하기 위해서는 지붕을 지탱하는 기둥들이 제 몫을 다해야 합니다. 하나의 기둥이라도 기울면 집은 무너지기 마련입니다. 규칙과 한계 설정이 중요한 이유는 아이의 정서조절력과 연결이 되기 때문입니다. 가정 내에서 차근차근 규칙을 습득하며 한계를 설정해 온 아이들은 자기통제력과 정서조절력이 높습니다. 집 밖에서도 쉽게 감정이 요동치지 않습니다. 자신의 감정을 빠르게 수용하고 다스립니다. 그러나 이러한 한계 설정의 시기를 놓친 아이들은 자신이 경험하는 모든 한계에 분노를 느끼게 됩니다. 과대해진 자아상과 특권 의식이 자신을 통제하는 모든 것들을 불쾌하게 생각하기 때문입니다.

학교는 '독립'이라는 최종 과제를 위해 거쳐야 할 안전한 연습의 장입니다. 이러한 연습의 장에 들어가기 전 필요한 것은 영어, 수학과 같은 선행 학습이 아닙니다. 선행되어야 하는 것은 모두가 함께 살아가는 데 필요한 자기통제력과 정서조절력입니다. 내 감정을 조절해야 하는 것은 나의 감정도 상대의 감정도 모두 중요하기 때문입니다. 삶의 방향을 지닌 부모가 권위를 갖고 일관된 경계와 안전한 한계를 보여주면 아이는 스스로 자기통제력과 정서조절력을 획득합니다.

정서조절력은 공부에도 큰 영향을 미칩니다. 늘 감정을 다스리는 데 시간과 에너지를 쓰다 보니 기진맥진해져 글자가 눈에 들어오지 않는 것입니다. 감정에 휩싸이게 되면 계획하고 실행하는 뇌인 대뇌피질이 작동을 멈추고 고차원적인 사고가 어려워집니다. 학습의 격차도 자연스럽게 벌어질 수밖에 없습니다.

아이를 위해 부모가 해줄 수 있는 좋은 것은 모든 어려움을 없애주려 고군분투하는 것이 아닙니다. 내 아이만 최고가 되는 상황을 만들어주는 것도 아닙니다. 홀로 나아갈 세상의 어려움 속에서도 툭툭 털고 일어나는 기본기를 갖추도록 돕는 것입니다. 엄마 삶의 많은 것들을 아이에게 과도하게 맞추지 않아도 괜찮습니다. 변치 않는 기본과 원칙만으로도 충분합니다.

2장

건강한 몸이
건강한 마음을 만든다

건강한 몸을 유지하는 삶

영혼은 항상 자기 치유를 위해
무엇을 해야 할지 알고 있다.

– 캐롤라인 미스

나의 감정을 기꺼이
마주해야 하는 이유

지은 씨는 최근 가슴이 답답하고 울화가 치미는 듯한 느낌에 잠을 이루기 어렵습니다. 남편이 갑자기 퇴사하게 되면서 양육과 생계를 동시에 신경 써야 하는 상황에 놓였기 때문입니다. 저녁이면 찾아오는 두통에 가방마다 진통제를 챙겨 다녔지만 증상은 좀처럼 호전되지 않았지요. 병원에 다니며 이런저런 검사를 받아 보기도 했지만 몸에는 아무런 이상이 없다는 결과만 나올 뿐이었습니다.

내과적 원인이 없음에도 신체의 여러 증상을 호소하는 증상을 '신체화 장애'(somatization disorder)라고 합니다. '마음이 울지 못하면 몸이 운다'라는 말처럼, 해소되지 못한 감정이 몸으로 드러나며 신체적 고통을 불러일으키는 것이지요.

엄마들은 아이를 양육하는 과정에서 신체화 장애를 자주 겪게 됩니다. 누구 하나 자신의 뒷바라지를 알아주지 않는다는 외로움과 섭섭함이 지속되면서 어느 순간 몸이 아파지는 것이지요. 꾹꾹 참고 억누른 감정은 곧 신체의 통증으로 나타납니다. 애꿎은 두통약과 소화제를 먹어도 아무런 소용이 없으니 답답할 노릇입니다. 하지만 신체적인 증상에만 집중하게 되면 오히려 문제의 핵심을 놓치게 됩니다. 본질은 마음에 있으니까요.

해소되지 못한 감정은 많은 대가를 치르게 합니다. 마음 깊은 곳으로 내려갔다가 어느 날 불쑥 올라와 힘겹게 합니다. 따라서 원하지 않는 감정을 못 본 척 적당히 덮어놓지 말고 기꺼이 마주하는 용기가 필요합니다. 자신의 감정과 생각을 회피하면 단기간의 불안은 나아질 수 있겠지만 장기적으로는 더 큰 불안과 마주하게 됩니다.

불안을 다루는 가장 효과적인 방법 가운데 하나는 자신의 감정에 이름을 붙여 보는 것입니다. 부부, 부모-자녀 관계 연구의 세계적 권위자 존 가트맨(John Gottman)은 이를 문과 문고리에 비유했습니다. 문고리가 없는 문에 문고리를 달아주면 밖으로 나갈 수 있게 되는 것처럼, 나의 감정에 이름을 붙여 정확히 인지하고 나면 자연스럽게 그 감정을 내보낼 수 있다는 것이지요.

이는 생각하는 뇌인 '전두엽'과 느끼는 뇌인 '변연계'의 작동 방식으로도 설명이 가능합니다. 감정적인 일들은 변연계 속 편도체를 활성화시켜 전두엽을 꼼짝달싹 못 하게 합니다. 머릿속이 하얘지며 생각을 멈추는 것이지요. 이때 감정에 이름을 붙이면 편도체에서 처리하던 일들이 전두엽의 영역으로 넘어갑니다. 즉 생각하는 뇌의 영역으로 역할이 넘어가는 것이지요. 밀물처럼 들어온 감정은 다시 썰물이 되어 빠져나가고 편도체에 빼앗겼던 마음은 다시 이성을 되찾게 됩니다.

자신의 감정을 정확히 인식하고 표현하면 감정이 억제되는 것을 막을 수 있습니다. 엄마 스스로 감정을 인식할 수 있어야 하고, 표현할 수 있는 감정의 형용사가 많아야 합니다. 그저 '좋다', '싫다'가 아니라 어떻게 좋았는지, 어떻게 불쾌했는지 이름 붙일 수 있어야 합니다. 그냥 '화가 난다'라

고 말하지 말고 '초조함'인지 '불안함'인지 더욱 세부적으로
살펴보는 것이지요.

　　하루의 끝에 나의 감정을 물어봐 주는 사람이 있나요?
있다면 계속해서 주기적으로 그들과 감정을 나누기 바랍니
다. 없다면 스스로에게 친절하고 다정하게 질문해야 합니다.
오늘 기분은 어땠는지, 나의 마음은 어땠는지, 구체적으로
어떤 감정들이 느껴졌는지 말입니다. 잊지 말고 꼭 물어봐
주세요. 나에게 가장 중요한 것은 나 자신과의 관계니까요.
나의 마음을 돌보고 챙기는 역할은 그 누구도 대신 해줄 수
없습니다. 나 자신이 스스로에게 가장 진솔하고 친절한 동반
자가 되어 주세요.

엄마를 위한 마음 돌봄 연습
스스로를 위해 감정의 치유자가 되어보기

감정 관찰 달력 만들기

하루를 돌아보며 나의 감정을 간단히 기록해 봅니다. 감정을 인식하고 표현하는 것만으로도 스트레스 해소에 큰 도움이 됩니다. 한 달이 채워지면 어떠한 상황에서 공통적으로 비슷한 감정을 느끼는지도 알 수 있게 됩니다. 제가 채운 달력을 한번 살펴볼까요?

1	2	3	4	5	6	7
친구들과 식사 * 기쁨 * 설렘						
8	**9**	**10**	**11**	**12**	**13**	**14**
	과도한 인정욕구 * 슬픔 * 괴로움		좋아하는 책 읽기 * 즐거움 * 편안함			
15	**16**	**17**	**18**	**19**	**20**	**21**
					지인들과 티타임 * 유쾌함	
22	**23**	**24**	**25**	**26**	**27**	**28**
	반복 작업 * 무의미함 * 우울		낯선공간방문 * 긴장 * 놀람			

저는 좋아하는 사람들과 맛있는 음식을 먹을 때 기쁨을 많이 느끼고 있네요. 또 과도한 인정 욕구를 일으키는 상황에서는 슬픔과 괴로움을 느끼고 있음을 알 수 있습니다. 이렇게 감정 관찰 달력을 활용하다 보면 다음 달 즐거운 시간을 의식적으로 늘릴 수 있고, 부정적 정서가 올라오는 시간은 줄이거나 다른 일정으로 대체할 수 있게 됩니다.

나의 감정 인터뷰하기

■ 내가 가장 즐거움을 느끼는 순간은 언제인가요?
■ 내가 가장 슬퍼지거나 화가 날 때는 언제인가요?
■ 좋아하는 사람들과 함께 있을 때 나의 마음은 어떤가요?
■ 나는 누구와 있을 때 가장 편안함을 느끼나요?

위 질문들을 보며 떠오른 감정들에 잠시 머물러 봅니다. 감정을 인식하고 이름을 붙여보는 것도 좋습니다. 하루의 끝에 진솔하게 나의 감정을 물어봐 주며 돌봐 주는 첫 번째 사람이 되어 주세요. 스스로 마음을 돌보며 감정을 나눌 수 있을 때 몸과 마음은 회복되기 시작합니다.

좋은 잠이
건강한 마음을 만든다

40대 워킹맘 은별이 엄마는 최근 들어 부쩍 피곤한 느낌이 들었습니다. 직장에서 멍하게 보내는 시간이 늘어났고 모니터 앞에서 꾸벅꾸벅 조는 일도 많아졌습니다. 처음에는 은별이 엄마를 이해해 주던 동료들도 계속되는 업무 실수에 하나둘 곱지 않은 시선을 보내게 되었지요.

그러던 어느 날, 은별이 엄마의 팔 근처에 작은 반점 하나가 나타났습니다. 처음에는 대수롭지 않게 생각했지만, 통증은 점점 심해져 일상생활을 하기도 힘든 지경이 되었지요. 며칠 후 방문한 병원에서 은별이 엄마는 자신이 대상포진에

걸렸음을 알게 되었습니다. 잠들기 전 스마트폰을 사용하는 습관이 수면 시간을 부족하게 했고, 이것이 신체의 전반적인 면역력을 떨어뜨렸던 것입니다.

실제로 많은 부모님들이 피로의 악순환을 경험합니다. 부족한 휴식 시간과 그에 따른 보상 심리가 원인이지요. 특히 엄마들은 하루 종일 아이를 돌보고 일까지 마치고 나서야 온전히 자신의 시간을 보낼 수 있습니다. 하지만 이렇게 시간이 훌쩍 지나고 나면 정작 휴식 시간은 얼마 남지 않는 것이 현실입니다. 짧은 시간이라도 즐거움을 보상받기 위해 스마트폰을 꺼내 듭니다. 늦은 밤 스마트폰 세상은 무엇과도 바꿀 수 없는 재미입니다. 좋아하는 크리에이터의 영상을 보거나 쇼핑을 하면서 끝없이 인터넷의 바다를 헤엄쳐 나갑니다. 시간은 순식간에 지나갑니다. 뇌에서는 '도파민'이라는 쾌락 호르몬이 분비되고 이러한 습관은 매일매일 강화됩니다. 점점 중독이 되어 가는 것이지요. 정작 풀어야 하는 신체 피로와 마음의 스트레스를 미루다 보니 삶도 서서히 무너지게 됩니다.

수면위상지연증후군(Delayed Sleep Phase Syndrome)이란 말

을 들어보셨나요? 평소 수면과 기상 시점이 사회적으로 통용되는 시간에 비해 두 시간 또는 그 이상 지연되는 것을 의미합니다.[6] 쉽게 말하면 잠을 자는 시간이 뒤로 밀린다는 말입니다. 잠드는 시간이 밀리기 시작하면 신체 에너지는 쉽게 고갈됩니다. 잠을 통해 피로와 스트레스를 해소하고 활력을 되찾는 것은 삶에서 가장 필수적인 일입니다. 특히 한창 자라는 성장기 아이들을 키우는 엄마의 피로와 스트레스가 적절히 해소되지 않는다면 신체적으로도 심리적으로도 큰 어려움을 겪을 수 있습니다. 인간의 에너지와 의지력은 유한하기 때문입니다.

늦은 밤 스마트폰을 사용하게 되면 우리 신체는 푹 쉬기 어렵습니다. '블루라이트'라고 불리는 스마트폰의 청색광 때문이지요. 이 빛에 노출되면 '코르티솔'이라는 스트레스 호르몬이 분비되는데, 그러면 몸이 각성되고 잠드는 시간이 뒤로 밀리게 됩니다. 스트레스를 풀기 위해 잡은 스마트폰이 오히려 깊은 잠을 방해하는 것이지요. 미뤄진 취침 시간과 누적된 피로는 다음날 짜증과 무기력을 일으킵니다. 단기적으로는 즐거움과 여유를 얻을 수 있지만 장기적으로는 신체적 심리적 여유를 바닥나게 하는 것이지요.

"좋은 잠이 쌓여야 좋은 나를 만든다."

TV 광고에 나왔던 이 문구를 기억하시나요? 흔한 클리셰 같지만, 좋은 잠이 쌓이면서 하루의 활력을 얻고 우리를 탄탄하게 세워 나간다는 점에서 핵심적인 문구라는 생각이 듭니다. 습관처럼 스마트폰을 잡기보다 숙면에 편안한 침실 환경을 만드는 것이 중요합니다. 쾌락을 느끼게 하는 도파민보다 몸과 마음을 편안하게 만드는 호르몬인 '세로토닌'의 시간을 늘려야 합니다. 편안한 음악을 듣거나 은은한 조명을 켜는 것도 좋습니다. 스트레칭으로 몸을 풀거나, 잠시 눈을 감고 짧은 명상을 해도 좋습니다. 사랑하는 사람과 이야기를 나눠도 좋습니다. 무엇이든 자신의 몸과 마음이 편안하게 쉴 수 있는 루틴을 만들면 됩니다. 이렇게 세로토닌의 시간이 하루하루 쌓이다 보면 신체의 건강과 더불어 마음의 에너지까지 충분히 채워질 수 있습니다. 편안한 숙면을 위해 우리는 어떤 일들을 해야 할까요?

첫째, 기상 시간을 조절해야 합니다. 우리 몸에는 생체 시계가 존재합니다. 아침에 눈을 뜨는 시간이 밤에 잠드는 시간을 결정합니다. 너무 늦게 일어나면 잠드는 시간도 늦어질 수밖에 없습니다. 아침에 일어나는 시간을 정한 다음 기상 시간을 일정하게 유지하도록 합니다.

둘째, 잠들기 두세 시간 전부터는 조명의 밝기를 낮추는 게 좋습니다. 신체 리듬을 만드는 데 빛은 매우 중요합니다. 몸이 편안하게 쉬는 시간이 시작되었음을 인지할 수 있도록 환경을 조성해 주세요.

셋째, 침실은 되도록 서늘하게 만들어 주세요. 몸의 중심부 체온이 낮아질수록 우리 몸은 숙면에 들기 쉬워집니다. 뜨거운 장판처럼 체온을 올려 주는 물건은 숙면에 방해가 될 수 있습니다. 수면을 돕는 호르몬의 분비를 억제하기 때문이지요. 성인에게 적정한 실내 온도는 18~20도, 이상적인 습도는 40~60%입니다.

넷째, 늦은 시간 카페인 섭취를 자제해야 합니다. 카페인이 몸에서 빠져나가는 반감기는 평균 5~6시간입니다. 따라서 늦은 오후나 저녁에 카페인이 함유된 음식을 섭취하면 잠자리에 들어서도 쉽게 잠들지 못하게 됩니다. 카페인 각성 효과를 크게 받는 분이라면 아무리 늦어도 오후 2시 이전에 드시는 게 좋습니다.

다섯째, 잠들기 전 청색광을 멀리해 주세요. 현대 사회에서 신체 리듬을 가장 쉽게 깨는 것은 바로 블루라이트, 청색광입니다. 잠자리에 들 때 스마트폰이나 태블릿처럼 청색광이 나오는 전자 기기는 되도록 사용하지 않도록 합니다. 청색광은 우리 뇌를 각성 상태로 만들어 잠을 멀리 달아나 버리게 합니다. 그러므로 보상 심리에 따른 수면 지연 습관이 형성되지 않도록 하는 것이 무엇보다 중요합니다.

수면 습관을 알아볼 수 있는 수면 일기 쓰기

그밖에 수면 일기를 써 보는 것도 좋은 방법입니다. 1~2주 정도 기록하다 보면 자신의 수면 패턴을 확인할 수 있기 때문입니다. 매일 작성하는 일기에는 기상 시간, 식사 시간, 잠들기 전후에 하는 일들, 침대에 누운 시간, 잠들기까지 걸린 시간, 잠에 든 시간, 중간에 깬 횟수, 기상 시간, 침대에서 빠져나온 시간 등을 기록해 두면 좋습니다.

아이들에게도 수면은 매우 중요합니다. 근육과 뼈 성장과 더불어 정서적 안정감을 가져다 주기 때문이지요. 아이가 늦게까지 잠을 자지 않거나 자주 잠을 깨면 가족들의 수면

오늘의 수면 일기

- 기상 시간 :
- 식사 시간 :
- 잠들기 전후에 하는 일들 :
- 침대에 누운 시간 :
- 잠들기까지 걸린 시간 :
- 잠에 든 시간 :
- 중간에 깬 횟수 :
- 기상 시간 :
- 침대에서 빠져나온 시간 :

질도 낮아집니다. 아이의 학년이 올라갈수록 잠자리에 드는 시간도 늦어집니다. 특히 성장 호르몬이 치솟는 사춘기에는 일주기 리듬이 자연스레 두 시간 정도 늦춰집니다. 늦게 잠들다 보니 아침에 눈을 뜨는 것도 당연히 어려워지지요. 매일 아침 아이와 실랑이를 벌이는 엄마는 어떤 것부터 시작해야 할지 몰라 마음속에서 갈등합니다. 그저 지켜보기만 해야 할까요? 아이의 올바른 수면을 위해서는 다음과 같은 기본적인 내용을 숙지해 두는 것이 좋습니다.

첫째, 요일과 상관없이 일정한 시간에 기상하도록 합니다. 평일에는 일찍 일어나다가 주말에 늦게 일어나면 몸의 생체 시계가 고장 나게 됩니다. 먼 나라로 해외여행을 떠날 때 시차 적응이 필요한 것처럼, 우리 몸도 시차를 겪게 되는 것이지요. 이렇게 되면 월요일 등교 때 매우 큰 스트레스를 받게 됩니다. 심리적인 적응에 더해 달라진 시차에 적응해야 하기에 몸은 피로가 더욱 극심하게 느껴지는 것입니다.

둘째, 오늘 하루 속상한 일이 있었다면 잠들기 전에 감정을 나눠 보도록 합니다. 해소되지 못한 부정적 감정은 신경계를 각성시켜 숙면을 방해합니다. 아이의 마음이 유독 안 좋아 보였던 날이 있나요? 그렇다면 잠들기 전 그날의 감정이 어땠는지 말할 수 있게 해 주세요. 한결 편안한 마음으로 잠자리에 들게 도와주세요. 부정적 감정을 효과적으로 다스리면 잠의 질이 좋아집니다.

셋째, 루틴을 만들어 주는 것이 중요합니다. 몸은 항상성을 좋아합니다. 그러므로 일정한 시간에 식사하고 활동을 하며 신체가 예측할 수 있도록 하는 것이 수면에 도움이 됩니다. 잠들기 직전에 재미있는 활동을 하거나 야식을 섭취하는 것은 신체를 각성시켜 숙면에 도움이 되지 않습니다. 아이가 편안하게 잠들 수 있도록 일정한 루틴 속에서 신체 리듬을 만들어 주세요.

넷째, 침대에서는 잠만 자게 합니다. 평소 침대에서 공부를 하거나, 간식을 먹거나, 스마트폰을 했다면 아이는 피곤해도 곧바로 잠들기 어렵습니다. 몸이 그러한 활동을 기억하고 있기 때문이지요. 유독 침대에서 잠을 못 잔다면 침실과 수면 사이의 자극이 잘못 형성되어 있을 가능성이 높습니다. 침대에서는 잠을 자는 것 외에 다른 활동은 일절 하지 않는 것이 좋습니다.

쾌락을 느끼게 하는 도파민보다
몸과 마음을 편안하게 만드는 호르몬인
'세로토닌'의 시간을 늘려야 합니다.

편안한 음악을 듣거나
은은한 조명을 켜는 것도 좋습니다.

스트레칭으로 몸을 풀거나
잠시 눈을 감고 짧은 명상을 해도 좋습니다.
사랑하는 사람과 이야기를 나눠도 좋습니다.

무엇이든 자신의 몸과 마음이
편안하게 쉴 수 있는 루틴을 만들면 됩니다.

이렇게 세로토닌의 시간이 하루하루 쌓이다 보면
신체의 건강과 더불어 마음의 에너지까지
충분히 채워질 수 있습니다.

우울과 무기력이
찾아왔다면

선규 엄마는 최근 숨이 턱 막히는 듯한 느낌을 자주 받습니다. 환경이 달라진 것도 아니고 무슨 일이 일어난 것도 아닙니다. 알람 시계는 매일 똑같은 시간에 울리고 일상은 늘 그렇듯 돌고 돌아옵니다. 하지만 언젠가부터 공허감과 외로움이 마음을 들었다 났다 합니다. 엄마들과의 짧은 커피 모임은 부담스럽게 느껴지고 매일 아침 일어나는 것조차 어렵게 느껴집니다. 그러고 보니 식사량에도 변화가 생긴 것 같습니다. 배가 아플 정도로 많이 먹는 날이 있는가 하면 먹는 둥 마는 둥 수저를 내려놓는 날도 있지요. 평소보다 많이 자거나 새벽에 깨어나 잠을 설치기도 합니다. 지금 선규 엄마의 마음에는 무슨 일이 일어나고 있는 것일까요?

살다 보면 몸과 마음이 한계에 도달하는 경우가 있습니다. 스스로 건사하기도 어려운 바쁜 삶 속에서 남편과 아이들에게 온 신경을 쏟다 보니 자신의 상태를 제대로 인식하지 못하는 거죠.

하지만 이러한 생활이 계속되면 몸과 마음의 에너지는 전구의 필라멘트가 나가 버리듯 한순간 고갈되고 맙니다. 마음의 빛이 툭 꺼지고 나서야 이상이 생겼음을 알게 되는 것이지요. 아무런 예고도 없이 찾아온 우울과 무기력은 물에 젖은 솜처럼 몸과 마음을 한 발짝도 떼기 어렵게 만들어 버립니다.

우울은 '마음이 걸리는 감기'라고 불릴 정도로 자주 관찰되는 심리적 증상입니다. 세상에 대한 흥미와 즐거움 대신 마음속에 좌절감, 서글픔, 공허감이 스며들게 되지요. 우울감을 느끼는 사람은 대인 관계에서 위축감을 느끼고 일상생활을 유지하는 데 큰 피로감을 느끼게 됩니다. 아무리 밝은 세상도 마치 새까만 선글라스를 쓴 것처럼 어두컴컴하게 보이는 것이지요.

생각이나 행동 역시 마찬가지입니다. 미래에 대한 부정적 생각들을 쉽게 떠올리고, 쉽게 지치며, 별일 아닌 일도 자꾸만 뒤로 미루게 됩니다. 평소보다 먹는 양이 과도하게 많아지거나 줄어들고, 잠을 많이 자거나 부족하게 자기도 합니다. 이 모든 것들은 우울증이 가져오는 전형적인 증상들입니다. 이러한 우울감은 2주 정도로 짧게 지나가기도 하지만 몇 년 이상 지속되는 경우도 있습니다. 유전적으로 취약한 경우라면 더욱 자주 우울감을 경험할 수 있습니다. 스트레스가 지속됨에도 불구하고 스스로를 돌보지 못할 때 우울감은 강하게 나타납니다.

방송 작가로 일하던 선규 엄마는 출산을 계기로 일을 그만두고 줄곧 가족들의 삶에 집중해 왔습니다. 가족들만 바라보고 열심히 살아왔을 뿐인데 몸과 마음이 예전 같지 않으니 걱정은 자꾸만 늘어 갑니다. 영원히 벗어나지 못할 것 같다는 생각에 초조한 기분이 들기도 합니다. 지인들은 '의지의 문제'라며 힘내 보라고 하지만, 어쩐지 공감받지 못하는 기분이 들어 서러움이 느껴집니다.

우울증은 개인의 의지와는 거리가 멉니다. 스스로 벗어나기 어려운 상황이기 때문에 오히려 주변의 도움이나 전문가의 개입이 필요하지요.

사실 우울은 우리의 감정을 무의식적으로 보호하는 감정의 저수지 역할을 합니다. 그러므로 우울과 무기력이 느껴진다면 그것이 어디에서부터 시작되었는지 살펴보는 것이 중요합니다. 우울의 증상들을 마주하게 되었다면 우리는 무엇을 어떻게 해야 할까요?

첫째, 우울의 증상을 스스로를 돌봐야 한다는 신호로 인식하는 것입니다. 남편과 아이들의 신호는 민감하게 알아채지만, 정작 자신의 몸과 마음이 보내는 신호는 알아채지 못하는 엄마들이 많습니다. 그러므로 자신의 상태를 민감하게 알아채고 따뜻하게 돌봐 줄 필요가 있습니다. 선규 엄마는 가장 먼저 가족들에게 도움을 요청했습니다. 아이를 맡겼고 스스로를 위해 주 1회 상담 시간도 만들어 냈습니다. 자신의 몸과 마음이 보내는 신호를 명확하게 알아챘다면 이처럼 주변에 도움을 요청하는 것이 좋습니다.

둘째, 마음이 안경을 쓰고 있다는 사실을 인식하는 것

입니다. 우리의 감정, 행동 그리고 신체에 영향을 미치는 것은 우리가 처한 상황이 아니라 그에 대한 해석과 생각입니다. 특히 우울에 빠졌을 때는 자기 자신, 타인과 세상, 미래에 대해 극단적이고 부정적인 생각들이 덧입혀지기 쉽습니다. 굴절된 안경으로 인해 모든 외부 환경이 왜곡되어 보이는 거죠. 이러한 상태가 계속되면 미래는 실제로 안 좋은 방향으로 흘러가게 됩니다.

다음은 선규 엄마가 우울증에 빠져있을 때 경험한 생각의 흐름입니다.

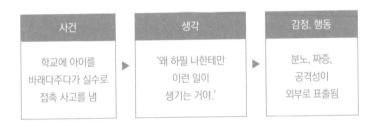

마음 상태가 좋지 않을 때는 작은 일에도 극단적인 생각의 날개가 달립니다. 안 좋은 일은 모두 내게 일어나는 것 같지요. 이러한 심리가 지속된다면 하루빨리 마음의 안경을 벗어야 합니다. 왜곡된 생각의 렌즈를 바꾸면 그에 따른 감

정과 행동이 변화될 수 있기 때문입니다. 다음은 선규 엄마
가 경험한 생각 흐름의 변화입니다.

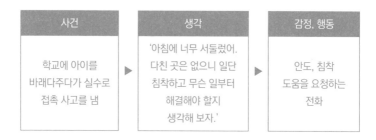

사건		생각		감정, 행동
학교에 아이를 바래다주다가 실수로 접촉 사고를 냄	▶	'아침에 너무 서둘렀어. 다친 곳은 없으니 일단 침착하고 무슨 일부터 해결해야 할지 생각해 보자.'	▶	안도, 침착 도움을 요청하는 전화

　　자신이 쓰고 있던 부정적이고 비관적인 마음의 안경을
벗어 버리면 한결 나아진 마음을 느낄 수 있습니다.

　　셋째, 일단 몸을 움직이는 것입니다. 우울하고 무기력
한데 어떻게 움직일 수 있느냐고 되물을 수 있습니다. 뭔가
시작하려면 힘과 의욕이 있어야 한다고 생각하기 때문입니
다. 하지만 오히려 몸을 먼저 움직여 보는 것이 우울한 감
정과 부정적 사고를 긍정적으로 바꿔 주는 히든카드가 될
수 있습니다. 생각에 앞서 몸을 움직이는 이러한 '행동활성
화'(BA, Behavioral Activation)는 항우울제만큼이나 우울증 치료에
뛰어난 효과가 있습니다.[7]

　　실제로 행동활성화 치료자들은 심각한 우울증 환자들

에게 생각 대신 행동을 바꿔 보자고 제안했습니다. 생각을 바꾸는 것만으로는 치료 효과가 제대로 나타나지 않았기 때문이지요. 결과는 생각보다 훨씬 좋았습니다. 집에서 꿈쩍도 하지 않던 사람들이 주기적으로 집 밖에 나가기 시작하면서 조금씩 우울과 무기력에서 벗어나게 된 것입니다. 부정적이었던 생각도 점차 긍정적으로 바뀌어 갔습니다. 그렇다면 선규 엄마는 어떻게 우울과 무기력에서 벗어날 수 있었을까요?

선규 엄마가 맨 처음 떠올린 것은 드럼이었습니다. 학창 시절 자신이 가장 좋아한 활동을 다시 해 보기로 마음먹은 것이지요. 선규 엄마는 그날로 집 근처에 있는 연습실을 찾아갔습니다. 예전에는 집 밖으로 한 걸음 떼기도 어려웠지만 일단 몸을 움직이기 시작하자 컨디션은 점점 좋아졌습니다. 햇볕을 쐬고 동네 사람들과 즐겁게 대화를 나누는 기쁨도 알게 되었습니다. 최근에는 학부모 밴드의 리더로 활동하며 새로운 인생을 즐기고 있습니다. 그렇게 선규 엄마는 다시 밝은 모습을 되찾을 수 있었습니다.

행동활성화의 포인트는 즐거운 활동과 이를 통해 얻게

되는 심리적 보상입니다. 자신이 좋아하는 움직임은 우울과 무기력으로 잠식되어 있던 몸과 마음을 가볍게 만들어 줍니다. 처음에는 아주 작은 활동으로 시작하는 것이 좋습니다. 아침에 일어나 이불을 개는 것처럼 작지만 성취감을 쉽게 얻을 수 있는 것이 가장 좋습니다. 좋아하는 음악을 듣거나 드라마를 시청하는 것도 괜찮습니다. '매일 20분씩 산책 나가기'처럼 짧고 일정한 습관을 만들거나 '맛집 탐방하기'처럼 새로운 경험을 추구해 보는 것도 도움이 됩니다.

자신만의 행동활성화 레시피를 만들어 작은 것부터 차근차근 시작해 보세요. 자신이 놓은 작고 예쁜 조약돌들을 따라가다 보면 언젠가는 숲속 미로에서 빠져나올 수 있을 테니까요. 나를 돌보지 못하면 결국 모든 것을 잃게 됩니다. 우울과 무기력이 예고 없이 닥치기 전에 대처법을 마련해 놓으면 나를 지키며 살아가는 데 큰 힘이 됩니다. 가장 아끼는 대상을 돌보듯 나 자신을 소중히 돌봐 주세요.

우울 자가 진단 문항(CES-D)

1. 문항을 너무 오래 생각하지 말고 즉각적으로 솔직하게 응답하면 됩니다.
2. 1주일 전부터 오늘까지 자신의 상태를 가장 잘 나타낸다고 생각되는 번호를 선택하면 됩니다.

나는 지난 일주일 동안	전혀 없었다	1~2번 있었다	3~4번 있었다	5~7번 있었다
1. 평상시에는 아무렇지도 않던 일들이 귀찮게 느껴졌다	0	1	2	3
2. 먹고 싶지 않았다, 입맛이 없었다	0	1	2	3
3. 가족이나 친구가 도와주더라도 울적한 기분을 떨쳐 버릴 수 없었다	0	1	2	3
4. 다른 사람들만큼 능력이 있다고 느꼈다	0	1	2	3
5. 무슨 일을 하든 정신을 집중하기 힘들었다	0	1	2	3
6. 우울했다	0	1	2	3
7. 하는 일마다 힘들었다	0	1	2	3
8. 미래에 대해 희망적으로 느꼈다	0	1	2	3
9. 내 인생은 실패작이라는 생각이 들었다	0	1	2	3

10. 두려움을 느꼈다	0	1	2	3
11. 잠을 설쳤다, 잠을 잘 이루지 못했다	0	1	2	3
12. 행복했다	0	1	2	3
13. 평소보다 말을 적게 했다, 말수가 줄었다	0	1	2	3
14. 세상에 홀로 있는 듯한 외로움을 느꼈다	0	1	2	3
15. 사람들이 나에게 차갑게 대하는 것 같았다	0	1	2	3
16. 생활이 즐거웠다	0	1	2	3
17. 갑자기 울음이 나왔다	0	1	2	3
18. 슬픔을 느꼈다	0	1	2	3
19. 사람들이 나를 싫어하는 것 같았다	0	1	2	3
20. 도무지 무엇을 시작할 기운이 나지 않았다	0	1	2	3
합계				

1. 체크한 점수를 모두 더합니다.
2. 4번. 8번. 12번. 16번은 거꾸로 계산해 더합니다. (0→3, 1→2, 2→1, 3→0)
3. 계산된 총점수를 확인합니다.

※ 0점 ~ 20점: 정상 범위
※ 21점 ~ 40점: 우울 증상에 주의가 필요함
※ 41점 ~ 60점: 심각한 우울

건강한 양육자가 되기 위한
세 가지 방법

'건강한 신체에 건강한 정신이 깃든다'라는 말은 동서양을 막론하고 대부분 동의하는 격언입니다. 저도 마음을 연구하고 많은 부모님들을 만나며 이런 부분을 피부로 느낍니다. 심리적 여유는 체력이 받쳐주지 않으면 나타나기 어렵습니다. 당장 몸이 아프고 피곤한데 어떻게 다른 사람들을 챙기고 돌볼 수 있을까요? 몸이 힘들 때 심리적으로 힘을 내는 것은 매우 어려운 일입니다. 아무리 이타적인 사람도 체력이 따라주지 않으면 다른 이들을 생각하기 쉽지 않습니다.

우리 눈앞에 도자기 하나가 있다고 생각해 볼까요? 도자기가 튼튼하게 만들어졌다면 우리는 그 안에 많은 것들을 담고 안전하게 보관할 수 있습니다. 하지만 도자기에 금이 가 있거나 깨져 있다면 아무리 좋은 것도 담을 수 없습니다. 담더라도 금방 쏟아져 버리게 되지요.

몸과 마음의 관계도 이와 같습니다. 그릇이 우리의 몸이라면 안에 담긴 내용물은 마음이라고 할 수 있지요. 몸이 건강하지 않으면 아무리 넉넉한 마음도 오래 담아두지 못하고, 몸이 건강하더라도 담을 마음이 없다면 공허한 삶이 되기 쉽습니다. 몸과 마음의 밸런스가 잘 맞을 때, 우리는 외적으로 건강하고 내적으로 풍부한 삶을 살아갈 수 있습니다. 그렇다면 신체라는 그릇을 튼튼하게 만들고 마음의 연료를 담기 위해 어떤 노력을 기울여야 할까요? 선행 연구를 기반으로 살펴보면 크게 세 가지 방법을 들 수 있습니다.

첫 번째 방법은 꾸준히 운동하는 것입니다. 운동은 뇌 세포를 강화시킵니다. 특히 뇌에서 분비되는 물질인 '뇌유래 신경영양인자'(BDNF, Brain-Derived Neurotrophic Factor)는 운동과 건강한 식습관을 통해 생성되며, 뇌를 더욱 건강한 상태로 만들어 줍니다. 뇌세포가 강화되면 인지 능력과 집중력이 높아지며 감정 조절 능력도 함께 올라갑니다. 마음 역시 안정적인 상태로 변합니다.

몸을 움직일 때 나오는 신경 전달 물질들 또한 우리의 마음을 편안하게 해 줍니다. 특히 운동하며 햇빛을 쐬면 행복 호르몬인 세로토닌이 분비되어 기분이 한결 상쾌해지는 것을 느낄 수 있습니다. 이는 세로토닌을 뇌 속에 잔류시켜 각종 항우울제와 동일한 효과를 냅니다. 몸과 마음에 안정이 찾아들면 스트레스를 견디는 능력이 강화되고, 정서 조절에 도움을 줍니다. 그러니 꾸준한 운동을 통해 몸과 마음의 안정을 찾아 주세요.

습관으로 정착시키기 위해서는 자신에게 잘 맞는 운동을 찾는 것이 매우 중요합니다. 자신의 성향을 고려해 다양한 운동에 도전해 보세요. 되도록 땀이 날 정도의 운동이 좋습니다. 처음부터 무리한 계획을 세우지 말고 짧은 시간에 할 수 있는 운동부터 시작해 보세요. 집 주변을 가볍게 걷거나 달리는 것도 좋습니다. 산책과 달리기만으로도 세로토닌과 도파민, 노르에피네프린이 분비되어 기분이 좋아집니다. 스트레스를 낮추고 불안을 완화할 수 있는 요가나 맨손 체조도 좋습니다. 생각이 많아지면 몸을 움직이세요!

두 번째 방법은 건강한 식습관을 만드는 것입니다. 건강한 몸과 마음을 위해 신경 써야 할 또 하나의 신체 기관은 바로 장입니다. 장은 '제2의 뇌'라고 불릴 만큼 뇌의 신경 전달 물질에 큰 영향을 미치며, 최근에는 장과 뇌가 밀접하게 연결되어 있다는 '장-뇌 축'(GBA, Gut-Brain-Axis) 연구의 중요성이 크게 대두되고 있습니다. 실제로 행복함과 안정감을 느끼게 하는 세로토닌은 뇌보다 장에서 더 많이 만들어집니다. 장 건강이 행복과 정신 건강에까지 영향을 미치는 것입니다.

아이의 끼니만 챙기지 마시고 엄마의 끼니도 챙겨 주세요. 마음이 힘든 날일수록 몸에 좋은 음식을 챙겨 드세요. 장에 좋은 음식을 꾸준히 섭취하면 기분 조절이 쉬워지고 장기적으로 마음 건강에 도움이 됩니다. 건강한 식습관을 만들기 위해 다음의 세 가지를 기억하면 좋습니다.

① 종류: 몸과 마음의 건강을 살리는 식단 짜기

서양에는 "You are what you eat"이라는 말이 있습니다. 당신이 먹는 것이 바로 당신이라는 뜻이지요. 우리의 마음 건강을 위한 하루의 시작은 어쩌면 우리의 식탁에서부터 시작되는 것인지 모릅니다.

　스트레스를 받거나 기분이 좋지 않을 때 우리는 자극적인 음식을 찾곤 합니다. 아이가 잠든 야심한 밤. 잠시 정신을 놓고 먹다 보면 어느새 시럽이 듬뿍 담긴 음료와 케이크 한 판은 사라져 있습니다. 달콤한 음식은 기분을 나아지게 하는 것 같지만, 지속되는 습관이라면 장내 환경을 무너뜨립니다. 빵이나 라면 같은 정제 가공식품 역시 혈당을 급격히 올렸다 떨어뜨려 허기를 느끼게 하고 과식을 불러일으키지요. 그렇다면 엄마의 건강한 마음을 위해서는 어떤 음식을 섭취해야 할까요?

　그 힌트를 지중해식 식단에서 얻을 수 있습니다. 지중해식 식단은 '세계보건기구'(WHO)를 포함한 많은 기관의 연구를 통해 뇌와 신체에 최고의 식단으로 알려져 있습니다. 통곡물, 야채, 과일, 견과류 등은 매일 섭취하고 주 2~3회 적당량의 생선과 해산물, 계란, 치즈를 섭취합니다. 육류와 당류는 조금만 섭취합니다. 식단 피라미드를 참고해 섭취한 음식물의 종류와 빈도만 기록해도 자신의 식사 패턴을 인지

지중해식 식단

적당량의 와인 (하루 한 잔)

붉은 고기, 당류
(적게 섭취)

가금류, 달걀, 치즈, 요거트
(주 단위로 적당량)

생선, 해산물
(주 단위로 최소 두 번 이상)

과일, 채소, 통곡물, 올리브오일,
견과류, 콩, 허브, 향신료 등
(끼니마다 섭취)

할 수 있게 되고 매끼 건강한 선택을 할 수 있습니다. 뇌와 신체에 가져다주는 효과는 덤입니다.

특히 탄수화물 비중이 높고 단백질의 비중이 낮은 한국 밥상에서는 단백질과 지방의 비율을 조금 높이는 것이 좋습니다. 한국형 지중해식 식단은 탄수화물, 단백질, 지방의 이상적 비율을 5:2:3으로 보고 있습니다. 의식적으로 흰쌀밥 대신 잡곡밥과 통곡물빵을 드셔 보세요. 질 좋은 지방과 단백질을 섭취해 주세요. 매끼 조금씩이라도 신선한 채소와 견과류를 곁들인다면 효과는 더욱 좋을 겁니다.

② 시간: 건강을 위한 식사 골든타임 잡기

건강을 위해서는 음식물의 종류도 중요하지만 시간도 중요합니다.[8] 몸 안의 장기들이 활발할 때 식사를 하는 것이 좋고, 쉬어야 하는 시간에는 음식 섭취도 중단하는 것이 좋습니다.

잠들기 최소 네 시간 전에는 식사를 마쳐야 합니다. 식사가 늦어질수록 소화력은 떨어지고 위장은 부담을 느끼게 됩니다. 동일한 음식을 먹더라도 밤에 섭취하면 혈당이 더 많이 오릅니다. 같은 양을 먹더라도 먹는 시간에 따라 비만이나 대사증후군으로 이어질 수 있습니다.[9] 아무리 좋은 샐러드도 야밤에 섭취하면 몸에 무리를 줄 수 있다는 것, 잊지 마세요.

③ 방법: 음식을 건강하게 먹는 방법 연습하기

아이를 돌보며 바쁜 일상을 살다 보면 허겁지겁 음식을

먹게 되는 때가 많습니다. 시간에 쫓겨 5분 만에 식사를 마치기도 하고 여러 음식물을 한입 가득 욱여넣기도 하지요. 하지만 이것이 습관이 되고 나면 나중에는 천천히 식사하려고 해도 잘 되지 않습니다. 신체에도 나쁜 영향을 주게 되지요. 실제로 먹는 속도와 체질량지수(BMI, Body Mass Index), 비만의 관계를 조사한 연구들에서 음식을 빨리 먹을수록 체질량지수가 높아진다는 것이 밝혀졌습니다.[10] 한마디로 빨리 먹을수록 비만에 취약해지며 신체에 악영향을 준다는 것이지요.

이를 예방하기 위해서는 의식적으로 음식을 음미하고 천천히 씹어 먹는 연습을 해야 합니다. 건강한 음식도 빨리 먹으면 독이 됩니다.

세 번째 방법은 수면의 질을 높이는 것입니다. 앞에서 언급한 것처럼 충분한 수면은 건강에 필수입니다. 잠을 잘 자야 몸과 마음의 건강을 챙길 수 있기 때문입니다. 좋은 잠을 자면 근육과 뼈가 튼튼해지고 몸이 빠르게 회복될 뿐 아니라 기억이 또렷하게 저장되고 처리됩니다. 반면 수면의 질이 낮아지거나 불면증을 경험하는 경우 우울증과 치매에 걸릴 가능성이 대폭 증가하게 됩니다. 불면증을 예방하려면 어떻게 하는 것이 좋을까요?

첫째, 좋은 수면 습관을 유지해야 합니다. 우리는 살면서 스트레스나 예기치 못한 사건들로 인해 불면증을 겪곤 합니다. 특히 예민하거나 걱정이 많은 경우 불면증에 더욱 취약한 모습을 보이지요. 만약 여러분이 이러한 상황에 놓여 있다면 수면 시간을 늘리기보다는 불면증을 지속시키는 요인들을 제거하는 것이 낫습니다. 잠 자체에 집중하지 말고 양질의 수면을 이끌어 내는 습관들로 하루하루를 채워 나가는 것이지요. 우리가 잠을 쫓아가는 것이 아니라 잠이 우리를 따라오게 해야 합니다.

둘째, 잠들기 전 신체를 이완하는 활동을 합니다. 하루 10분 정도 들숨과 날숨에 집중하는 것만으로도 온몸에 쌓인 긴장을 풀 수 있습니다. 잠들기 직전에는 과도한 운동이나 기름지고 자극적인 야식은 삼가 주세요. 이러한 것들은 신체를 각성시켜 잠을 달아나게 만듭니다. TV나 유튜브 영상을 시청할 때도 지나치게 자극적인 콘텐츠보다는 긴장을 풀어 주는 콘텐츠를 선택합니다. 잠들기 전 스마트폰을 통해 SNS를 확인하는 것도 수면에 좋지 않은 습관입니다.

셋째, 좋은 수면에 대한 과도한 집착을 내려놓습니다. 어떤 날은 잠이 잘 오지만 어떤 날은 새벽까지 잠이 오지 않는 경우가 있습니다. 이런 때 '오늘은 무슨 일이 있어도 꼭 잠을 잘 자야지'라는 생각을 하게 됩니다. 그러나 잠에 대한 과도한 집착은 불안도를 높여 오히려 잠을 달아나게 만듭니다. 잠에 대한 걱정이 잠을 방해하는 원인이 되는 것이지요. 몸은 수면이 부족하면 자연히 깊은 잠을 이끌어 냅니다. 그러니 잠에 대한 과도한 걱정은 잠시 내려두고 현재에 집중하는 것이 좋은 전략입니다.

넷째, 낮 시간을 활동적으로 보내며 햇볕을 한두 시간 이상 쬐어 봅니다. 햇볕을 쬐면 송과체(뇌 뒤쪽 중앙 부분에 있는 호르몬 분비 기관으로, 외부적인 환경과 변화에 반응해 스스로 생체 기능을 조절함)에서 세로토닌이 분비되어 만족감과 편안함이 느껴집니다. 세로토닌은 밤이 되면 수면을 돕는 호르몬인 멜라토닌으로 바뀌며 깊은 잠을 잘 수 있도록 돕지요. '정서 안정'과 '숙면'이라는 두 마리 토끼를 모두 잡기 위해서는 밝은 낮에 최대한 많은 활동을 해야 합니다.

몸과 마음의 밸런스는 엄마의 삶에서 매우 중요한 부분을 차지합니다. 아이를 키우는 일은 외적으로도 내적으로도 많은 에너지를 필요로 하기 때문이지요. 특히 몸이 망가지면 면역력이 저하되어 쉽게 질병이 생겨나고 짜증과 예민함이 함께 늘어나게 됩니다. 이렇게 되면 아이의 정서 발달과 인지 발달에도 긍정적 영향을 줄 수 없습니다.

부모의 안정적인 말과 행동은 건강한 체력과 여유로운 마음에서 비롯됩니다. 지금까지 소개한 세 가지 방법을 삶에 적용한다면 여러분은 훨씬 더 건강한 양육자로 거듭나게 될 것입니다.

삶을 망가뜨리는 나쁜 습관 BEST 9[11]

1. 불규칙한 수면
2. 햇빛 보지 않기
3. 회피하기
4. 타인과 비교하기
5. 하루 종일 안 움직임
6. 감정 억누르기
7. 멀티태스킹하기
8. 과거에 머물러 있기
9. 오지 않은 미래 걱정하기

3장

지금 여기,
엄마의 마음챙김

감정과 생각에 휘둘리지 않는 삶

그대여,
언제나, 지금, 스스로를 깨어 있는 눈으로 돌보라.
- 타라 브랙

아이들로부터 배우는
마음챙김

하루를 시작하며 생각이 물밀듯이 밀려들어옵니다. 오늘까지 마쳐야 하는 일과 아직도 해결되지 못한 일들이 마음을 불편하게 합니다. 출근길에 우연히 마주친 동료의 표정이 어둡게 느껴집니다.

'기분이 안 좋아 보이네. 무슨 일 있나?'
'혹시 어디 아픈가?'
'어제 회의에서 했던 말 때문에 기분이 상했나?'

판단과 추론은 끊임없이 확장됩니다. 작은 생각에서 시작된 혼란은 거센 파도처럼 마음을 흔들어 놓습니다. 때마침 반 아이들이 등교하며 호기심 가득한 목소리로 이야기합니다.

"선생님, 저기 좀 보세요. 새로운 개미굴이 생겼어요!"
"아침에 고양이랑 이야기하다 늦었어요."
"주말에 선생님 드리려고 주워 온 도토리 다섯 개예요. 비슷하게 생겼는데 자세히 보면 다 다르게 생겼어요."

아이들의 목소리에 다시 현재의 순간으로 돌아옵니다.

아이들은 세상을 있는 그대로 바라봅니다. 반면 우리는 마음 겹겹이 생각이란 안경을 쓰고 세상을 바라보지요. 세상이 있는 그대로 들어올 리 만무합니다. 잠깐의 순간에도 판단과 추론, 평가가 끊임없이 이어집니다. 빠른 시간 판단과 추론이 이뤄지는 이유는 우리가 긴 시간 그렇게 하도록 훈련을 받아 왔기 때문입니다. 세상을 살아가는 데 필요한 기본적인 능력인 데다, 이 능력이 뛰어날수록 빠르게 환경을 지각하고 처리할 수 있으니까요.

아이들이 해맑은 이유는 모든 것을 있는 그대로 관찰하고 받아들이기 때문입니다. 온전히 현재를 누리고 지금의 순간에 머물러 땀 흘리고 웃습니다. 복잡하고 시끄러운 마음에서 벗어나 아이들의 삶 속으로 들어가는 순간 세상은 다시 본연의 모습으로 돌아옵니다. 연둣빛 잎사귀 울창한 나무가 보이고, 작은 곤충들이 만들어 내는 분주한 세상이 눈에 들어옵니다. 들리지 않았던 새 소리와 물 흐르는 소리, 계절에 따라 미묘하게 달라지는 색깔까지 온전히 느낄 수 있습니다.

세상을 바라보는 아이들의 눈은 심리 치료 기법 중 하나인 '마음챙김'(Mindfulness)을 꼭 닮았습니다. 마음챙김이란 매사추세츠 의과대학 교수 존 카밧진(Jon Kabat-Zinn)에 의해 개발된 심리 치료 기법으로, 지금도 많은 이들의 큰 사랑을 받고 있습니다. 그는 마음챙김을 이렇게 설명합니다.

마음챙김이란 현재 이 순간에 일어나고 있는 경험들에 대해, 어떠한 판단도 하지 않고 의식적으로 주의를 집중하는 것이다.

마음챙김은 한 마디로 지금, 여기에서 일어나는 일들을 판단 없이 알아차리는 것을 말합니다. 친절하게 자신의 마음을 다뤄 주면서 말이지요. 알아차림의 근육을 꾸준히 만들어 나가면 감정에 휩쓸리는 대신 마음의 공간을 만들어 자신의 감정과 생각을 마주할 수 있게 됩니다. 부모의 감정 조절 능력은 자녀의 감정 조절 능력에도 영향을 줄 수 있기에 엄마의 마음챙김은 가능한 한 빠르게 시작하는 것이 좋습니다. 일상 속에서 마음챙김을 잘하려면 어떻게 해야 할까요?

첫째, 일상 속 알아차림을 천천히 늘려 나갑니다. 우리에게는 오감이 있습니다. 감각을 사용해 매 순간 알아차림을 극대화해 봅니다. 코끝에 느껴지는 향기, 눈에 들어오는 풍경의 색깔, 귀에 들려오는 소리에 잠시 머물러 봅니다. 한 가지 영역에서 마음챙김이 시작되면 다른 영역에서도 일어나기 쉬워집니다. 그러니 자신이 좋아하는 영역에서부터 마음챙김을 시작하기를 권합니다.

산책을 좋아한다면 걷는 감각에 주의를 기울이는 것부터 시작하면 됩니다. 발이 땅에 닿을 때의 감촉은 어떤지, 내 눈에 들어오는 풍경은 어떤지 유심히 생각해 보는 것입니다.

또 커피를 좋아한다면 마시는 순간에 온전히 머물러 봅니다. 향은 어떤지, 혀끝에 느껴지는 감각은 어떤지, 손끝에 닿는 커피잔의 온도는 어떤지 천천히 느껴 보는 것이지요. 책을 좋아한다면 서점에 들러 책이 내뿜는 고유한 향기를 알아차려 보는 것도 좋습니다. 한 가지 감각에 집중하다 보면 내 마음이 어떤지 찬찬히 살필 수 있게 됩니다.

혹시 여러분은 아이가 학교에서 돌아올 때 매일 같은 표정을 짓고 있다고 생각하시나요? 감각을 깨워 보면 아이들의 눈빛이 그날그날 다르다는 것을 알 수 있습니다. 저 또한 매일 아침 알아차림을 통해 아이의 상태를 온전히 느끼고 있습니다. 아이의 또 다른 모습을 발견하는 것이지요.

지금 잠시 책을 덮고 내 주변을 알아차림 해 봅시다. 어떠셨나요? 아직도 같은 마음을 가지고 계신가요? 아마 여러분 곁을 빠르게 지나던 생각들이 조금은 잠잠해졌음을 느끼셨을 겁니다. 이렇게 감각의 지분이 커지는 곳에서는 생각의 지분이 줄어듭니다.

둘째, 판단하지 않고 있는 그대로 받아들입니다. 관찰한 것들에 대해 평가와 추론을 하지 말고 있는 그대로 지켜봅니다. 몸에서 느껴지는 감각과 생각들, 감정들을 있는 그대로 받아들여 봅니다. 시간에 따라 무엇이 흘러가고 변화하는지 알아차려 봅니다. 이러한 과정이 조금 더 친숙해지면 끊임없이 떠오르는 생각과 감정을 판단 없이 받아들일 수 있게 됩니다.

우리가 쓰고 있는 마음의 안경은 생각을 통해서만 세상을 바라보게 합니다. 하지만 안경을 벗어던지면 새로운 경험을 할 수 있습니다. 있는 그대로의 세상을 보게 되는 것입니다. 판단하지 않고 알아차리는 연습만으로도 우리는 생각과 마음에서 벗어나 온전히 삶으로 들어갈 수 있습니다.

셋째, 한 번에 한 가지씩 주의를 기울여 봅니다. 바쁜 현대 사회에서는 어쩔 수 없이 멀티태스킹을 하게 되는 경우가 많습니다. 심지어 멀티태스킹이 개인 능력의 잣대가 되기도 하지요. 특히 아이를 키우다 보면 한 번에 여러 가지 일을 할 수밖에 없는 상황이 자주 발생합니다. 하지만 이러한 습관은 마음챙김에 가장 큰 독으로 작용합니다. 한 가지 일에 대해서도 제대로 마음을 쏟을 수 없게 하기 때문이지요. 마음을 놓치게 하는 이러한 멀티태스킹 습관은 애써 만들어 놓은 마음챙김의 근육을 사라지게 하고, 현재에 머무름으로써 얻을 수 있는 심리적 이득을 모두 놓쳐 버리게 합니다.

이를 주제로 한 번은 가까운 지인과 한참 이야기를 나눈 적이 있습니다. 그는 멀티태스킹을 하는 습관이 은퇴 후에도 계속되어 TV를 보면서도 기타 연습을 하거나 스마트폰 검색을 한다고 말했습니다. 심지어 책을 읽기도 한다더군요. 하지만 이러한 습관은 우리의 마음을 빠르게 소진시킵니다. 여러 어플을 동시에 실행하는 스마트폰이 빠르게 방전되는 것처럼 말이지요. 마음챙김을 할 때는 한 번에 한 가지씩 온전히 주의를 기울이는 것이 중요합니다.

넷째, 아이들처럼 호기심 가득한 눈으로 세상을 관찰해 봅니다. 여행이 우리에게 행복을 가져다주는 이유는 무엇일까요? 처음 접하는 풍경과 새로운 경험에 감각을 일깨우고 호기심 가득한 눈으로 세상을 바라볼 수 있기 때문입니다. 아이들이 새로운 것을 경험하고 느낄 때 마음 근육을 새롭게 만들어 내는 것과 같은 이치지요.

생각에 빠져 세상을 바라보면 결국 그 틀에 갇혀 우리가 인지한 세상만을 받아들이게 됩니다. 이미 알고 있던 것들에 대해서도 다른 시각과 감각으로 관찰해 보는 연습이 필요합니다. 뇌가 자동으로 받아들이던 것들이 호기심과 함께 새로운 감각으로 들어왔을 때 마음챙김의 과정이 보다 즐겁고 익숙해질 수 있습니다.

　생각보다 많은 사람들이 마음을 놓치며 살아갑니다. 하지만 흘러가는 시간 속에서 깨어 있지 않으면 결국 사는 대로 살아지게 됩니다. 활기차고 만족스러운 삶을 위해서는 일상 속에서도 순간순간 마음을 챙겨야 합니다.

　다음 목록은 우리가 실천해 볼 수 있는 마음챙김의 몇 가지 예시입니다. 이를 참고해 자신만의 마음챙김 목록을 만들어 봅시다. 책 위에 직접 적어도 좋고 노트나 스마트폰에 따로 메모해도 좋습니다. 단순히 좋아하는 활동을 해 보는 것이 아니라 좋아하는 활동을 통해 의도적으로 주의를 기울이는 것이 마음챙김의 핵심입니다. 자신이 좋아하는 것에서부터 마음챙김을 시작해 보세요. 또 다른 마음챙김으로 이어질 수 있습니다.

마음챙김의 예시 목록

- 자신의 호흡에 집중하기
- 좋아하는 음악 듣기
- 조용한 장소에서 산책하며 햇볕 쬐기
- 좋아하는 원두로 커피 내려 보기
- 욕조에서 따뜻한 물로 목욕하기
- 사랑하는 사람과 함께하기
- 베이킹 수업에 참여해 보기
- 반려동물과 교감 나누기
- 좋아하는 악기 연주해 보기
- 발의 감각에 집중하며 산책하기

나만의 마음챙김 목록

- ....
- ....
- ....
- ....
- ....

엄마를 위한 마음 돌봄
- 마음챙김으로 다이어트가 된다구요?

가족들이 썰물처럼 빠져나간 늦은 아침, 오늘도 냉장고를 정리하며 남은 음식으로 한 끼를 때웁니다. 유통기한이 다 됐지만 상하지 않았으니 그럭저럭 먹을 만하게 느껴집니다. 어느 순간 엄마들은 본인이 먹고 싶은 음식보다 어쩔 수 없이 처리해야 하는 음식으로 식사를 대체합니다. 그러다 보니 식단이나 체중 관리는 사치가 되어 버리곤 합니다. 늘어나는 체중에 반비례해 자존감은 점차 줄어만 갑니다. 맵시 있게 옷을 입던 20대 30대 시절을 그리워하며 다이어트에 도전하지만, 자녀 양육에 매진하다 보면 작심삼일에 그치게 되지요.

그런데 최근 마음챙김을 통해서도 다이어트가 가능하다는 연구 결과들이 속속 나오고 있어 많은 사람들의 주목을 받고 있습니다. 실제로 2016년에는 미국의 시사주간지 『타임』에서 마음챙김이 신체에 미치는 다양한 효과를 조명해 큰 화제가 되기도 했습니다. 인간의 가장 기본적인 욕구 가운데 하나인 '먹는 행위'에 마음챙김을 꾸준히 적용하면 어떤 효과가 생겨날까요?

맨해튼 북서쪽으로 약 75마일 떨어진 블루 클리프 수도원에서는 일주일에 두 번 무료로 '마음챙김의 날'을 보낼 수 있습니다. 수도원에 방문한 사람들은 가장 먼저 '마음챙김 걷기'를 하며 주변을 산책합니다. 발

끝에 닿는 감각에 집중하며 지금, 여기를 만끽하는 것이지요. 산책이 끝나고 나면 식당으로 들어가 '마음챙김 먹기'를 시작합니다. 평상시처럼 TV나 스마트폰을 보며 먹는 것이 아니라 자신의 음식이 담긴 접시를 관찰하고, 음식의 색깔과 향에 집중해 보는 것입니다. 이때 말없이 식사에만 집중하는 것이 중요합니다. 아삭아삭한 채소의 식감을 느껴보기도 하고 혀끝에 맴도는 음식 맛에 차례차례 온전한 주의를 기울여봅니다. 많은 사람들이 그동안 자신이 식사 시간에 얼마나 마음을 놓치고 있었는지를 알게 되었다고 고백합니다.

음식은 우리의 신체적 욕구를 채워 주지만 정서적 욕구를 채워 주기도 합니다. 먹을 때 분비되는 도파민이 스트레스나 불안 등 부정적인 감정들을 단기적으로 대체해 주기 때문입니다. 하지만 이러한 욕구가 과도해지면 배가 부른 상태에서도 단것을 먹고 싶거나 다른 음식을 떠올리게 됩니다. '가짜 허기'가 생겨나는 것이지요. 거기에 익숙해지면 불쾌한 기분이 올라올 때마다 폭식을 하게 되고, 이는 음식 중독으로 이어지게 됩니다.

심리학자 크리스텔러와 핼릿(Kristeller and Hallett)은 이러한 섭식 장애를 치료하기 위해 마음챙김에 근거한 섭식 자각 훈련 프로그램을 개발했습니다.[12] 마음챙김을 통해 폭식을 일으키는 감정, 생각들을 알아차리고 잘못된 섭식 행동을 줄이려는 목적이었지요. 실제로 우리 뇌에 배부르다는 신호가 전해지려면 음식물을 섭취된 후 적어도 20분이 지나야 합니다. 신호가 도달하기도 전에 과식하며 배를 채우던 이전과는 달리, 음식물을 천천히 음미하게 되면 적은 양으로도 포만감을 느끼게 됩니다. 마음을 현재로 가져오면서도 다이어트 효과까지 볼 수 있는 일석이조의 방법이지요.

먹방이 트렌드가 되고 스마트폰 클릭 한 번이면 집에서 맛집 음식을 받아 먹을 수 있게 된 오늘날 우리가 습득해야 하는 것은 음식이 아니라 제대로 먹는 방법이 아닐까요? 괴로움의 고리를 끊어내고 온전히 현재의 삶 속으로 들어가기 위한 열쇠는 생각보다 그리 거창한 곳에 있지 않습니다.

엄마의 마음이 현재에
머물러야 하는 이유

불현듯 과거의 일이 떠오릅니다. 철석같이 믿었던 직장 동료의 배신, 이루지 못한 꿈에 따른 좌절, 수치심이 올라오는 어이없는 실수들까지…. 잠을 청하려고 누운 침대에서 어느새 은수 씨의 시계는 과거로 돌아가 있습니다.

'내가 그때 왜 그랬을까?'
'조금만 더 노력했더라면 이뤄지지 않았을까?'
'바보 같이 왜 그런 실수를 했을까?'

물밀듯 흘러 들어오는 후회에 은수 씨는 불면의 나날을 보내며 괴로워합니다.

반면 동생 은혜 씨는 늘 미래에 대한 불안에 압도됩니다. 아무리 작은 일도 계획하지 않고서는 마음을 놓지 못합니다. 특히 초등학생 자녀 문제에 있어서는 틈만 나면 10년, 20년 뒤의 미래로 마음이 날아가 버려 초조해집니다.

'지금 준비하지 않으면 아이가 영영 따라가지 못하는 것 아닐까?'

'남들 다 하는데 우리 아이만 안 하는 것 아닐까?'

'내가 없더라도 아이가 잘 살아갈 수 있을까?'

여러분은 누구의 모습에 더 많이 공감하셨나요? 은수 씨와 은혜 씨는 누구에게나 있는 과거에 대한 후회와 미래에 대한 걱정을 나타냅니다. 누군가는 은수 씨의 모습이 더 많을지 모르고, 또 누군가는 은혜 씨의 모습이 더 많을지도 모릅니다.

하지만 두 가지 모두 건강한 마음과는 거리가 멉니다. 과거에 얽매일수록 우울이라는 감정에 발목을 잡히고, 미래에 더 많이 얽매일수록 불안이라는 감정에 발목을 잡히기 때문입니다. 이러한 감정에 사로잡히면 현재를 온전히 누릴 수 있는 에너지는 점차 사라지게 됩니다. 실제로 우울과 불면증 사이에는 높은 상관관계가 있습니다. 우울의 정도가 깊어질수록 잠을 푹 자지 못하고 이것이 다시 더욱 심한 우울을 불러일으키는 악순환이 지속되지요. 한편 과도한 불안은 예측하지 못하는 것들에 대한 통제 욕구를 강하게 만들어 삶을 더욱 피폐하게 만들고 강박으로 몰아갑니다.

우리가 통제할 수 있는 시간은 이미 지나가 버린 과거도, 예측할 수 없는 미래도 아닌 바로 지금입니다. '현존'의 가치는 삶에서 그 무엇보다 중요합니다. 하지만 현재를 사는 것은 그리 쉬운 일이 아닙니다. 마음은 하루에도 수백 번씩 과거와 미래를 넘나들기 때문입니다.

과거와 미래에 저당잡혀 현재를 사라지게 하지 않으려면 부단한 노력이 필요합니다. 이때 가장 좋은 등대가 되는 것이 바로 '마음챙김'입니다. 의식적으로 현재의 순간에 집중하고 주의를 기울이는 시간이 많아질수록 우리는 과거와 미래에서 벗어나 지금, 여기로 돌아오게 됩니다. 그렇다면 엄마들의 마음이 현재에 머물러야 하는 이유는 무엇일까요?

첫째, 삶의 순간들을 생생하게 만들 수 있습니다. 주말을 행복하게 보낸 아이들의 일기장을 보면 그 장면들이 눈에 보일 듯 생생하게 묘사되어 있습니다. 누구와 어디에서 무슨 놀이를 하며 시간을 보냈는지 바로 알 수 있지요. 반대로 주말에 무엇을 했는지 잘 생각나지 않는다는 아이들의 일기장을 보면 별다른 내용이 적혀 있지 않거나 적혀 있더라도 구체적인 내용이 빠져 있는 경우가 많습니다.

엄마의 마음도 마찬가지입니다. 여유로운 상태에서 아이들과 시간을 보내고 온 날은 기억이 생생하게 남아 있지만, 정신없이 보낸 날은 초점이 맞지 않은 사진처럼 흐릿한 기억만 남아 있을 뿐이지요.

상담할 때 부모님들에게 자주 듣는 질문이 있습니다. 맞벌이를 하느라 아이에게 신경을 많이 써주지 못하는데 이대로도 괜찮을지, 일과 육아를 병행해야 할지, 일을 그만둬야 할지 하는 것들이지요. 아이에게 정말로 중요한 것은 보호자와 함께하는 시간의 양일까요, 질일까요?

많은 엄마들이 맞벌이로 인해 아이와 함께하는 시간이 적다며 자책감을 토로합니다. 하지만 아이의 마음을 성장시키는 것은 부모와 함께하는 절대적인 시간의 양이 아닙니다. 함께하는 시간의 질이 높다면 아이의 마음은 끊임없이 성장하고 자라게 됩니다. 시간의 질이 절대적으로 중요한 것입니다.

일을 하는 엄마라고 해서 자책감에 빠지지 마세요. 내 마음이 지금, 여기에서 온전히 아이와 함께 머무르고 있다면 엄마뿐만 아니라 아이 역시 행복하게 성장할 수 있습니다. 자책과 미안함으로 고민하는 시간을 마음챙김을 연습하는 시간으로 바꾸어 보세요. 그것이 나와 아이의 삶을 살리고 소중한 순간들을 생생하게 쌓는 방법입니다. 여러분의 삶에는 어떠한 순간들이 쌓여 가길 원하시나요?

둘째, 심리적인 평온함과 만족감을 얻을 수 있습니다. 과거를 복기하고 미래를 준비하는 일은 중요합니다. 앞으로의 일을 계획하고 똑같은 실수를 반복하지 않는 것이 우리를 보다 나은 삶으로 이끌어 주기 때문이지요. 하지만 과거와 미래에 갇혀 현재를 잃어버리면 큰 심리적 손실을 경험하게 됩니다. 우울증을 겪는 대부분의 사람들은 지나간 일을 끊임없이 반추하며 하루를 보냅니다. 달력과 시계는 오늘을 가리키고 있지만 마음속 달력과 시계는 과거에 머물러 있는 것이지요. 바꿀 수 없는 일에 대한 자책과 후회는 우울감을 더욱 심화시키고 삶을 무기력하게 만듭니다.

반면 타고난 불안이 높거나 완벽주의 성향이 강한 경우 통제할 수 없는 미래는 공포 그 자체가 됩니다. 불안하기 때문에 마음의 시계를 미래에 고정시켜 놓고 철저한 계획 아래 시간을 보내게 되지요. 과도한 불안은 마음을 분주하고 괴롭게 만듭니다. 이를 해소하기 위해 위험 요소를 미리 제거하려는 강박 행동을 보이기도 하지요. 최악의 상황을 떠올리는 일을 반복하다 보면 삶의 질은 점점 낮아집니다.

내가 지금 할 수 있는 것들에 에너지를 쏟으면 불안과 우울에서 빠져나올 수 있고 심리적인 평온함과 만족감을 얻을 수 있습니다. 삶이 풍성해지는 경험을 누리려면 의도적으로 현재에 머무는 시간을 늘려 나가야 합니다.

셋째, 온전한 휴식을 취할 수 있습니다. 하루 종일 아이 문제로 씨름한 날에는 유독 잠이 오지 않습니다. 집에 오자마자 침대에 누워 보지만 눈을 감으면 수많은 걱정이 밀물처럼 밀려옵니다. 피곤한 몸은 더욱 피곤해집니다. 괴로운 생각들이 마치 공회전하는 차의 엔진처럼 체력을 끊임없이 소진시키는 것이지요. 그렇지 않아도 아이를 키우며 하루하루 체력이 뚝뚝 떨어지는 것을 느끼는데, 제대로 쉬지도 못하니 점점 악순환의 고리에 빠지게 됩니다. 그렇다면 어떻게 해야 온전한 휴식을 취할 수 있을까요? 과연 온전히 쉬어 본 적은 있었을까요?

우리는 머리를 식히고 싶을 때 여행을 떠납니다. 그곳에서 새로운 풍경을 보고, 맛있는 음식들을 먹으며, 여행지 고유의 온도와 습도, 향기를 온몸으로 느낍니다. 마치 태어나 처음 경험해 보는 것처럼 호기심 어린 눈으로 보고, 듣고, 먹고 마시면서 온전히 현재의 순간에 머물게 되지요. 감각의 지분을 극대화하면 생각의 지분이 줄어들고, 현존의 가치를 회복하면 지친 몸을 회복하는 데 큰 도움이 됩니다.

온전한 휴식이란 몸과 마음이 함께 쉬는 것을 의미합니다. 마음챙김을 통해 지금, 여기에 머무는 감각에 익숙해져 보면 어떨까요? 괴로움으로 넘어가지 않고 온전한 휴식을 취할 수 있게 될 것입니다.

넷째, 건강과 삶의 질이 향상됩니다. 마음챙김의 효과를 객관적으로 확인할 수 없던 시기에는 심리학적 치료 기법들을 증명하는 데 어려움이 있었습니다. 그러나 기능적 자기공명영상(functional Magnetic Resonance Imaging, fMRI)을 통해 뇌의 활성 효과를 증명할 수 있게 되면서부터 마음챙김의 효과가 과학적으로 입증되기 시작했습니다. 우울과 불안 같은 부정적 심리 증상이 감소하는 것은 물론, 면역력이 향상되고 만성 통증이 완화되는 등 신체 증상에서도 뚜렷한 효과를 보였던 것이지요.[13] 스트레스 호르몬인 코르티솔 분비가 감소하고 혈압이 떨어지기도 했습니다.[14] 노벨 생리의학상을 받은 엘리자베스 블랙번(Elizabeth Blackburn)이 참여한 최근 연구에서는 면역 세포의 노화를 억제하는 효소인 텔로머레이스의 수가 명상에 의해 증가할 수 있음이 밝혀지기도 했지요.[15]

불면증 환자들은 대부분 원치 않는 생각과 감정을 제거하려 애씁니다. 그럴수록 뇌는 각성하고 잠은 더욱 멀리 달아납니다.[16] 반대로 지금 떠오르는 감정과 생각을 있는 그대로 바라보며 머물 때 수면의 질도 유의미하게 좋아졌습니다. 우리의 신체는 이처럼 약물 없이도 충분히 조절되고 향상될 수 있습니다. 지속적으로 명상을 한 사람들의 뇌를 살펴본 결과 명상을 하지 않은 사람들에 비해 뇌의 전전두피질(대뇌에서 가장 큰 피질 중 하나로 판단, 계획, 실행 능력 등을 담

당하는 영역)이 두꺼워져 있음을 살펴볼 수 있었습니다.

저 역시 현재에 머무는 의식적인 활동으로 하루를 시작합니다. 아침에 눈을 뜨면 창문을 활짝 열고 차가운 공기에 감각을 집중해 봅니다. 침대 끝에 누워 있는 반려묘 누룽지를 쓰다듬으며 따뜻한 온기를 느껴 봅니다. 내가 머무는 곳이 지금, 여기임을 인식하며 또 다른 하루를 얻어 갑니다. 새롭게 얻은 하루의 순간들에는 바쁜 생활 속에서 미처 느끼지 못했던 아이들의 예쁜 눈망울과 웃음소리가 깃듭니다. 따뜻한 커피 한 모금의 향과 맛이 느껴집니다. 길가의 나무들이 어떤 계절을 맞이하고 있는지 눈에 들어옵니다.

시시때때로 우리의 마음은 과거와 미래를 넘나듭니다. 하지만 이러한 방황을 알아차리고 다시 현재로 주의를 옮겨 와야 합니다. 마음의 시계는 늘 지금 이 순간을 향하고 있어야 하니까요.

먼 길을 찾아온 친구와
차를 한 잔 나눈다고 생각해 보자.

마음챙김은 그 시간을
잊을 수 없는 추억으로 만들어 준다.

차를 마시는 것 말고는
다른 아무것도 생각하지 마라.

사업에 대해서도,
장래 계획에 대해서도 생각하지 마라.
오직 친구와 있는 그 순간에 집중하라.
차를 마신다는 사실에 온전히 깨어 있으라.

그러함이 모든 순간의 기쁨을
깊이 맛볼 수 있도록 우리를 도와준다.

– 틱낫한, 『너는 이미 기적이다』 중에서

아이를 키우며
나 자신으로 살아가는 법

아이를 낳으면 가족의 시간은 아이를 중심으로 흘러갑니다. 나는 어느 순간 아이의 엄마가 되고, 시간의 흐름 속에 나 자신을 잃어 갑니다. 어느덧 아이는 나의 젊음과 정성을 먹고 쑥쑥 자라 초등학생이 되었습니다. 스스로 가방을 챙기고 등굣길을 나서는 뒷모습을 보며 그동안 잊고 살았던 '나'를 돌아봅니다. 애썼다고 말해줄 겨를도 없이 지난한 시간들을 보내온 내 모습이 짠하게 느껴집니다.

나이가 들면서 체력이 예전 같지 않음을 실감하지만, 우리는 그만큼 성숙해질 가능성을 갖게 됩니다. 물론 무조건 성숙해지는 것은 아닙니다. 아무것도 하지 않아도 쌓이는 세월의 무게와 달리, 마음의 그릇은 꾸준히 노력할 때 넓어질 수 있습니다. 아이가 유아일 때는 인내를 통해 성숙해졌다면, 어느 정도 자란 뒤에는 자신의 내면을 마주하는 과정을 통해 성숙해질 수 있습니다.

아이를 돌보며 매 순간 자신의 마음을 들여다볼 수 있다면, 우리는 육아를 통해 계속 성숙해지게 됩니다. 하지만 결코 쉬운 일은 아닙니다. 아침 식사부터 방과 후 스케줄까지 하나하나 신경 쓰다 보면 하루가 정신없이 흘러가기 때문입니다. 만약 아이가 아프기라도 하는 날에는 모든 일정이 멈춰지고 눈코 뜰 새 없이 바쁜 시간이 펼쳐집니다. 그야말로 '대환장 파티'가 벌어지는 것이지요. 이런 날에는 하루가 빨리 끝나기만을 바라게 됩니다. 이렇게 한 달이 지나가고, 일 년이 지나가고, 또 몇 년이 지나갑니다. 반복되는 일상 속에서 우리의 마음이 깨어 있는 시간은 과연 얼마나 될까요?

멈춰서 의식하지 않으면 흘러가는 시간 속에서 나를 놓치게 됩니다. 초등학생이 된 아이와 나의 남은 삶을 위해서라도 주어진 시간을 온전히 나의 것으로 만들어야 합니다. 마음을 마주한다는 것은 내면의 감정과 생각을 판단하지 않고 있는 그대로 알아차리는 것을 의미합니다. 감정과 생각이 소화되는 건강한 통로가 만들어졌을 때 비로소 온전한 에너지를 삶에 쏟아부을 수 있습니다. 정신없는 양육 대신 삶의 본질에 마음이 머무는 양육이 가능해지는 것이지요. 아이를 키우며 성숙해지고 싶다면 다음 세 가지를 기억해 주세요.

첫째, 자녀에 대한 판단을 멈추고 자신의 생각을 가만히 들여다보는 연습을 해 보세요. 아이가 무심코 던진 '오늘은 그냥 그랬어요'라는 한 마디에 나의 판단이 개입되면 끊임없이 생각의 회로가 돌기 시작합니다. '학교생활은 잘하고 있는 걸까', '혹시 내가 더 봐줘야 하는 부분을 놓치고 있는 것 아닐까' 같은 생각이 꼬리에 꼬리를 물고 이어집니다.

이때 잠시 멈추고 자신의 생각을 가만히 들여다봅니다. '아, 또 판단이 시작되고 있구나', '내가 이런 생각을 하고 있었네' 하고 말입니다. 생각의 회로에서 빠져나오면 아이와 나 자신을 다시 볼 수 있게 됩니다. 상상의 나래를 펼쳐 가며 불안에 휩싸이기 전에 자신의 생각을 있는 그대로 알아차려 주세요.

둘째, 자녀의 기질을 있는 그대로 받아들여 주세요. 성격이 환경에 의한 후천적인 상호 작용의 결과라면, 기질은 세상을 대하는 타고난 유전적 경향을 나타냅니다. 부모는 이를 적극적으로 이해하고 수용할 필요가 있습니다. 아이와 엄마가 비슷한 기질을 지녔을 때는 서로를 이해하는 것이 어렵지 않지만, 상반되는 기질을 지녔을 때는 아이를 이해하는 데 어려움을 느낄 수 있기 때문입니다.

하지만 기질을 부모의 욕구대로 바꾸는 것은 위험합니다. 예를 들어 자극 추구 성향이 높은 엄마와 낮은 아이가 만나면 어떻게 될까요? 엄마는 아이에게 다양한 경험들을 안겨 주고 싶은 마음에 이것저것 외부 활동을 찾아 나섭니다. 때로는 충동적으로 아이를 도전적인 상황으로 내몰기도 하지요. 하지만 아이는 엄마의 노력이 고맙기보다는 버겁게 느껴집니다. 아이는 새롭고 다채로운 경험보다는 자신이 좋아하는 활동을 꾸준히 반복하는 것이 더 잘 맞기 때문입니다. 엄마는 자신의 기준으로 바라보며 답답함을 느끼지만, 아이는 오히려 엄마에게 서운함을 느끼게 됩니다.

각자의 기질에 따라 세상을 바라보면 서로를 위하는 마음은 같더라도 평행선을 달릴 수 있습니다. 그야말로 동상이몽이 되는 것이지요. 아이의 기질을 이해하고 수용할 때 비로소 있는 그대로 바라볼 수 있게 됩니다. 타고난 기질을 먼저 이해한 뒤, 이를 바탕으로 '성격'이라는 성장의 집을 지어 가도록 지원해 주는 게 좋습니다.

셋째, 자신의 감정을 전체가 아닌 한 부분으로 인식해 주세요. '내가 이런 사람이 아닌데', '살다 보니 이렇게 욱할 수도 있구나!', '오늘은 정말 다 때려치우고 울고만 싶다' 육아는 삶의 그 어떤 영역들보다 강렬한 감정을 동반할 수 있습니다. 통제할 수 없는 일들과 예측할 수 없는 변수 탓에 감정의 불길에 휩싸이는 때가 많기 때문이지요. 하지만 감정을 하나의 부분으로 인식하는 훈련을 해 두면 어떠한 순간에도 자신의 마음을 다스릴 수 있게 됩니다. 다음 두 문장을 한번 살펴볼까요?[17]

A: 나는 지금 화 났어.
(I am angry.)
B: 나는 지금 느껴지는 이 감정이 화라는 것을 알아.
(I know this angry feeling.)

A는 '나'와 '화'가 동일시되어 있음을 보여 줍니다. '나'

는 곧 '화' 자체라는 것을 나타내지요. 반면 B는 '나'라는 존재 안에 '화'라는 감정이 부분적으로 존재하고 관찰할 수 있음을 나타냅니다. 언어는 마음을 쉽게 지배하기 때문에 표현이 조금만 달라져도 감정의 강도가 확연히 달라지게 됩니다. '화가 나 자체가 되는 것'과 '화라는 감정이 나의 일부로 존재하는 것'의 차이를 인식해 보세요. 자신의 감정과 거리를 둘 수 있게 되면 마음이 머무는 양육이 가능해집니다.

주어진 상황에 정신없이 끌려다니며 수많은 판단과 압도되는 감정에 자신을 내맡기다 보면 결국에는 스스로 소진되고 맙니다. 성숙한 삶을 위해서는 계속 자신의 마음을 들여다보는 연습을 해야 합니다. 어려운 환경에서 심리적 지지를 받지 못하고 자란 부모라도, 마음을 알아차리는 순간 자신이 원하는 가치대로 아이를 키울 수 있습니다. 무의식적인 악순환도 끊어낼 수 있습니다. 나는 오늘 얼마나 깨어 있었나요?

자극과 반응 사이에
있는 마음의 여유

아이들이 유치원이나 학교에 가고 나면 엄마에게도 잠시 숨 돌릴 틈이 찾아옵니다. 하지만 방학이 되면 엄마의 시간은 오롯이 아이들의 시간이 되어 버립니다. 아침을 먹으면 점심이 되고, 점심을 먹고 조금 지나면 저녁이 찾아옵니다. 어느새 하루해는 저물어 가고 엄마의 여유는 사치가 되어 버립니다. 절대적인 시간 부족은 마음의 여유를 빠르게 앗아가 버립니다. 언제쯤 나 혼자 편히 쉴 수 있게 될까요? 하지만 마음의 여유는 비단 물리적 공간과 시간만으로 결정되는 것이 아닙니다.

누구나 수많은 상황을 맞닥뜨리며 살아가기 때문입니다. 처한 상황은 다르지만, 집에서 아이를 돌보는 엄마든, 맞벌이를 하는 엄마든 삶에서 마주하는 자극은 비슷합니다. 이러한 자극들은 즉각적 반응을 일으키기도 하지만 한참 뒤에 일으키기도 합니다. 집에 돌아와 머리를 감다가 갑자기 학부모 모임에서 들었던 말이 떠올라 불편한 마음을 갖게 되는 것처럼 말이지요.

자극을 받으면 생각, 감정, 행동이라는 반응이 나타납니다. 구체적인 양상은 사람마다 다르지만 범주는 대체로 비슷하게 나타나지요. 그런데 이러한 반응이 자기만의 패턴으로 굳어지는 경우가 있습니다. 작은 자극에도 자괴감에 빠지거나 욱하는 것이 바로 그런 경우입니다. 패턴화가 이뤄지면 자극에서 반응으로의 전환은 자동 버튼을 누르듯 눈 깜짝할 사이에 이뤄집니다. 하지만 모두가 자극에 대해 즉각적이고 자동적으로 반응하는 것은 아닙니다.

초등학생 자녀를 둔 동현이 엄마와 진우 엄마는 평소에도 죽이 잘 맞아 자주 만납니다. 집안 사정도 비슷하고 아이들 나이나 성향도 비슷해 통하는 점이 많습니다. 하지만 언제나 여유로워 보이는 동현이 엄마와는 달리 진우 엄마는 같은 상황에서도 늘 초조함을 느낍니다. 아이가 학교에 지각이라도 하는 날에는 가슴이 쿵쿵 뛰고 급한 마음에 아이에게 화를 버럭 내기도 하지요. 결국 남는 것은 후회뿐입니다. 과연 두 엄마의 차이를 만들어 내는 것은 무엇일까요?

정신과 의사이자 심리학자인 빅터 프랭클(Viktor Frankl)은 '자극과 반응 사이에는 공간이 있다'라는 유명한 말을 남겼습니다. 우리에게는 반응을 선택할 수 있는 자유와 힘이 있다는 뜻이지요. 실제로 그 공간이 어떤 모습을 가졌는지에 따라 반응은 다양해질 수 있습니다. 누군가는 불쾌한 비난을 듣고 주먹부터 뻗지만, 누군가는 차분히 상황을 정리하고 상대에게 생각할 시간을 주는 것이지요.

끊임없이 다가오는 자극과 삶의 파도 앞에서 여러분은 어떤 공간을 갖고 계신가요? 자극과 반응 사이에 있는 공간을 인식하고 넓혀 나가면 즉각적인 반응 대신 깊이 있고 풍부한 선택을 할 수 있습니다. 우리의 선택지가 늘어나기 때문입니다.

아이나 가족을 돌보는 일도 다르지 않습니다. 하루 종

일 아이 뒤치다꺼리를 하면서도 편안하게 웃음 짓는 날이 많아지고, 시작하기도 전에 포기했던 과거와는 달리 좀 더 다양하고 신중하게 진로를 선택할 수 있게 됩니다. 감정적으로 반응하는 대신 확장된 인식과 지혜를 통해 의식적으로 반응하게 되는 것이지요.

다음은 마음의 공간을 넓히기 위해 바로 시작해 볼 수 있는 몇 가지 연습들입니다. 내면을 꾸준히 돌보는 연습을 하면 공간이 깊어질 뿐 아니라 엄마의 마음속 정원도 평안하고 아름답게 가꿀 수 있습니다. 자신에게 적합한 것들을 선택해 일상에서 꾸준히 실천해 보세요.

첫째, 자신의 주변에서 일어나는 일들을 좀 더 주의 깊게 살펴보세요. 아이를 키우다 보면 이런저런 생각에 빠져 주위를 돌아볼 겨를이 없어집니다. 마음의 여유는 사막에서 바늘 찾기 같은 일이 되어 버리고 말지요. 뇌에 끌려다니지 않기 위해서는 지금의 순간들을 알아차리는 연습이 큰 도움이 됩니다. 똑같은 날은 없습니다. 노을 지던 어제의 하늘과 오늘이 다르고, 무심코 지나온 길가의 꽃들과 나무들도 계절에 따라 그 모습이 확 달라집니다. 생각에서 빠져나와 주변에 보이는 것들을 주의 깊게 알아차려 보세요. 곤히 잠든 아이 곁에서 따뜻한 체온을 느껴 보기도 하고, 이른 출근길 하늘에 어슴푸레 옅은 빛이 감도는 순간도 알아차려 보세요. 바람이 불어오는 곳은 어디인지, 공기가 머금은 냄새는 어떤지 가만히 느껴 보세요. 순간에 머무는 시간을 조금씩 늘리다 보면 어느새 삶은 조금씩 충만해집니다. 알아차림은 판단을 멈추게 하고 감정적인 반응들에 기름을 붓지 않게 해 줍니다. 그야말로 일석이조인 셈이지요.

둘째, 매일 일정 시간 호흡 명상을 실천해 보세요. 가장 좋아하는 시간을 정해 호흡 명상을 실천해 보세요. 처음에는 낯설고 어렵겠지만 들숨과 날숨에 집중하는 것만으로도 자극과 반응 사이의 공간이 넓어지는 것을 느낄 수 있습니다.

또한 호흡 명상은 편도체의 활성화를 잠재우고 전두엽의 기능 회복을 도와줍니다. 마음이 괴롭거나 부정적 생각이 떠오른다면 다음 페이지에 있는 6단계를 참고해 호흡 명상을 실천해 봅시다. 몸의 감각을 활용하면 여러분의 마음을 납치한 부정적인 생각으로부터 쉽게 빠져나올 수 있습니다.

호흡 명상의 6단계

1. 가장 편안하다고 느끼는 시간에 알람이 울리도록 설정해 주세요.

2. 알람이 울리면 편안하게 앉아 척추를 펴고 눈을 지그시 감아 주세요.

3. 들숨은 코로 천천히 들이마시고, 날숨은 입으로 천천히 내쉽니다.

4. 들숨보다 날숨을 조금 더 길게 내쉬어 주세요. 날숨은 들숨의 두 배 이상이 좋습니다. 날숨은 부교감신경을 자극해 우리의 몸과 마음이 이완되도록 도와줍니다.

5. 호흡을 하는 동안 다른 생각이 떠올라도 괜찮습니다. 떠오르는 생각을 그대로 알아차리고 다시 호흡에 집중합니다.

6. 코로 들어오는 숨과 입으로 나가는 숨의 감각에 집중하며 10분간 반복합니다.

셋째, 나만의 공간과 시간을 찾아 스스로 격려해 보세요. 하루하루를 정신없이 살아가다 보면 어느새 달력의 숫자는 달라져 있고 해가 넘어갑니다. 무엇을 위해 이렇게 바쁘게 살고 있는지, 엄마가 아닌 '나'라는 사람이 과연 존재하기는 하는지 자꾸 의문이 듭니다. 어느새 늘어난 흰머리만이 그간의 고된 시간을 보여 주는 듯합니다. 만약 여러분이 이런 상황에 놓여 있다면 스스로 격려하고 대접할 수 있도록 하는 것이 무엇보다 중요합니다.

여러분이 가장 좋아하는 장소는 어디인가요? 가장 편안하다고 느끼는 시간대는 언제인가요? 선호하는 장소와 시간대가 있다면 매일 잠깐이라도 그곳에서 자신을 위한 시간을 누리시길 바랍니다. 일명 '○○타임'입니다. 자신의 이름을 넣은 이 시간에는 누구도 방해할 수 없습니다. 따뜻한 담요를 두르고 좋아하는 음악을 감상하거나 나만의 '최애' 디저트를 꺼내 음미해 봅시다. 안전한 공간과 시간은 삶의 방패가 되어 줍니다. 여러분을 힘들게 하는 자극이 찾아왔을 때 잠시 눈을 감고 그곳에 있다고 상상해 보세요. 몸과 마음이 한결 편안해지며 더 나은 선택을 할 수 있게 될 것입니다.

자극은 우리가 선택할 수 없는 변수이지만, 반응은 우리의 힘과 의지로 선택할 수 있습니다. 자신의 마음 공간을 넓힐 수 있는 활동이 있다면 무엇이든 선택해 지속적으로 훈련해 보세요. 이렇게 스스로를 위해 쌓아올린 소중한 순간들은 결정적인 순간 큰 힘이 되어 줄 것입니다.

대단하지 않은 하루가 지나고
또 별거 아닌 하루가 온다 해도,
인생은 살 가치가 있습니다.

후회만 가득한 과거와
불안하기만 한 미래 때문에
지금을 망치지 마세요.

오늘을 살아가세요, 눈이 부시게.
당신은 그럴 자격이 있습니다.

– 드라마, 〈눈이 부시게〉의 마지막 대사 중에서

엄마 마음
돌봄 레시피

올해 서른이 된 서연 씨는 겉으로는 평범하고 행복해 보이는 두 아이의 엄마입니다. 하지만 2년 전 둘째를 출산한 후 그녀의 마음속에는 깊은 우울감이 자리 잡았습니다. 다른 지역에서 근무 중인 남편과는 주말에만 함께 시간을 보낼 수 있었던 데다 양가 부모님들도 육아를 선뜻 도와주지 못하는 상황이었기 때문입니다. 서연 씨는 점점 자신을 잃어 가는 듯한 기분이 들었습니다. 불면증, 식욕 부진, 집중력 저하 등의 증상이 나타났고 아이에게 소리를 지르거나 화를 내는 날도 늘어 갔습니다.

결국 서연 씨는 한 지인의 도움을 받아 정신과 진료를 받았습니다. 산후 우울증이었습니다. 의사는 서연 씨에게 자신을 돌보는 시간을 가져야 한다고 조언했습니다. 하지만 스스로를 돌보는 것이 무엇을 의미하는지 도무지 감이 오지 않았습니다. 갑자기 스스로를 챙기는 방법을 생각해 보라고 하니 오히려 당황스럽기까지 했습니다. 아무리 생각해도 구체적인 방법이 떠오르지 않습니다.

마음을 돌보는 일은 꽤나 많은 과정을 동반합니다. 우리가 근육을 만들기 위해 운동 계획을 세우고 식이 요법을 실천하는 것처럼, 마음을 돌보는 일 역시 효과적이고 체계적인 과정을 필요로 하지요.

특히 마음은 신체와는 달리 눈에 보이지도 않고 의식적으로 인식해야 하기에 다루기가 훨씬 어렵습니다. 따라서 마음을 돌보려면 우리의 마음이 어떻게 구성되어 있고 어떻게 돌봐야 하는지 하나부터 열까지 제대로 알아야 합니다.

커피를 마시는 경우를 상상해 볼까요? 우리는 커피 한 잔을 마실 때도 샷을 추가할지, 휘핑크림을 넣을지, 바닐라 시럽을 넣을지 결정할 수 있습니다. 자신의 입맛에 따라 정확한 레시피를 만들어 내는 것이지요. 마음을 돌보는 일에도 레시피가 필요합니다. 마음 상태를 정확히 이해하고 그때그때 맞는 레시피를 선택해 마음을 돌보는 것이지요.

마음을 구성하는 요소는 크게 세 가지로 나눌 수 있습니다. 생각, 감정, 행동입니다. 이 세 가지는 매 순간 영향을 미치면서 우리의 '감정 날씨'를 만들어 냅니다. 생각이 감정을 이끌어 내기도 하고, 감정이 행동을 만들어 내기도 하는 것이지요. 마음의 작동 원리를 알고 나면 돌보는 일이 훨씬 수월해집니다.

그날그날 나만의 마음 레시피를 만들어 봅시다. '감정 돌보기'는 두 스푼, '생각 돌보기'는 한 스푼, '행동 돌보기'는 한 스푼을 넣어 보는 것이지요. 나의 마음을 위한 가장 좋은 영양사는 바로 나 자신이 되어야 합니다.

감정 레시피

인하 씨는 최근 아들의 수능 시험을 앞두고 큰 어려움을 겪고 있습니다. 좋지 않은 성적을 받을지 모른다는 생각에 며칠째 아무것도 손에 잡히지 않았습니다. 초조함에 압도

된 인하 씨는 결국 인터넷 커뮤니티에 의존하기 시작했습니다. 매일 밤 같은 고민을 토로하는 엄마들의 글을 보거나 댓글을 달며 잠시나마 위안을 얻었지요. 하지만 불안함은 줄어들지 않았고, 오히려 커져 갔습니다. 엄마로서 담대하게 이겨 내고 싶었던 마음은 서서히 고통과 괴로움에 젖어 들어갔습니다.

간혹 불안한 감정이 올라오는 것에 불쾌감을 느끼는 분들이 있습니다. 회피하는 경우도 있지요. 하지만 회피는 잠깐입니다. 비슷한 상황을 마주하게 되면 결국 더 큰 불안에 휩싸이게 됩니다. 감정을 억누르거나 억제하는 습관은 처리되지 못한 감정들을 마음속 냉장고에 더욱 깊이 욱여넣을 뿐입니다. 꽉 찬 냉장고는 더 이상 신선한 감정을 받아들이지 못하게 되고, 결국 냉장고를 고장 나 버리게 합니다.

우울이나 불안 때문에 일상생활이 힘든 상황이라면 자신의 감정을 똑바로 마주해야 합니다. 감정은 위험에 처해 있거나 과소비되는 에너지를 지켜 내는 데 중요한 역할을 하기 때문입니다.

감정에는 좋고 나쁨이 없습니다. 각각 존재의 이유가 있습니다. 지금 여러분에게 찾아온 감정은 무엇인가요? 불안함인가요? 답답함인가요? 그때그때 떠오르는 감정을 인식하고 정확히 표현할 수 있게 되면, 우리는 모든 감정들을 지나가게 할 수 있습니다.

다음 표에 있는 형용사들을 보며 오늘 하루 어떤 감정을 느꼈는지 체크해 볼까요? 원하지 않았던 상황, 강렬한 감정의 소용돌이에서 벗어날 수 있도록 그날의 감정 날씨를 돌아보는 습관을 가져 보세요.

오늘의 감정 날씨

기쁨	분노	슬픔	행복	불안
☐ 신난다	☐ 화난다	☐ 괴롭다	☐ 즐겁다	☐ 무섭다
☐ 설렌다	☐ 불쾌하다	☐ 아리다	☐ 행복하다	☐ 걱정된다
☐ 고맙다	☐ 원통하다	☐ 안쓰럽다	☐ 편안하다	☐ 심란하다
☐ 흥겁다	☐ 짜증 난다	☐ 침울하다	☐ 안심된다	☐ 난처하다
☐ 기대된다	☐ 기분 나쁘다	☐ 불쌍하다	☐ 평화롭다	☐ 갑갑하다
☐ 유쾌하다	☐ 분통터진다	☐ 비참하다	☐ 흐뭇하다	☐ 숨 막힌다
☐ 감격스럽다	☐ 불만스럽다	☐ 서글프다	☐ 뿌듯하다	☐ 초조하다
☐ 벅차오른다	☐ 신경질 난다	☐ 억울하다	☐ 든든하다	☐ 공포스럽다
☐ 신바람 난다	☐ 혐오스럽다	☐ 허탈하다	☐ 다행스럽다	☐ 조바심 난다
☐ 감탄스럽다	☐ 울화가 치민다	☐ 고통스럽다	☐ 만족스럽다	☐ 곤혹스럽다

생각 레시피

최근 TV에서 이야기 배틀 프로그램을 재미있게 본 적이 있습니다. 영상도 사진도 없었지만, 방청객들은 어느새 출연진이 들려주는 이야기에 푹 빠져 있었지요.

사실 우리의 머릿속에서는 이러한 일들이 24시간 일어나고 있습니다. 뇌는 하루에도 수만 개의 생각들을 지어내는 뛰어난 스토리텔러이기 때문이지요. 얼마나 쉽게 몰입되는지 가끔은 생각에 빠져 시간이 훅 지나가 버리기도 합니다.

하지만 생각을 그대로 믿지 말아야 합니다. 때때로 사실과 다른 이야기를 들려주기 때문이지요. 자기 생각을 아무런 의심 없이 받아들이는 사람은 마치 바닷속에서 헤엄치는 물고기처럼 자신이 보는 세상만을 진실이라고 믿고 살아가게 됩니다. 자신의 생각 때문에 마음에 어려움을 자주 느낀다면 조금 멀리서 바라보는 연습을 하는 것이 좋습니다.

특히 부모님에게 가혹한 말을 듣고 자란 분들의 경우 더욱더 거리를 두고 생각을 관찰할 필요가 있습니다. 어린 시절 들었던 말이 내면화되어 그것을 자신의 생각이라고 느끼기 때문입니다. 따뜻하고 일관된 목소리는 삶의 든든한 동반자가 되어 주지만, 왜곡되고 일관성 없는 비난의 목소리는 평생 적이 됩니다. 문제는 비난의 목소리를 확고한 사실로 받아들일 때 발생합니다.

영은 씨는 완벽주의 엄마 밑에서 늘 혼나면서 자랐습니다. 실수하거나 기준에 미치지 못하면 언제나 날카로운 잔소리를 들어야 했지요. 비수처럼 꽂히는 말에 상처를 받아 울기도 했고, 때로는 그 말에 자극을 받아 악을 쓰고 열심히 하기도 했습니다.

마흔이 되어갈 무렵, 영은 씨는 완벽주의와는 거리가 먼 느긋한 남편을 만났습니다. 세상에 단 하나뿐인 소중한 아이도 얻었지요. 하지만 영은 씨의 마음속에는 늘 이런 목소리가 들려왔습니다.

'엄마가 됐으니 앞으로 절대 실수해서는 안 돼.'
'엄마로서 훌륭하게 아이를 키우지 않으면 인정받을 자격이 없어.'

어린 시절부터 가혹한 목소리를 듣고 자라온 엄마들은

자신의 마음을 돌보는 데 어려움을 겪습니다. 내면의 목소리가 만들어 낸 생각을 진실이라 굳게 믿으며 두 번째, 세 번째 화살을 쏘아 대기 때문이지요.

온전한 삶을 살기 위해서는 생각에 휩싸이지 않는 것이 중요합니다. 생각은 생각일 뿐 우리를 해치거나 망가뜨릴 수 없습니다. 거기서 빠져나왔을 때 비로소 새로운 문이 열립니다. 나에게 들려오는 내면의 목소리를 인식하고 그 목소리에 이름을 붙이면 생각의 덫에서 벗어날 수 있습니다. 물고기가 반짝이는 낚싯바늘을 보고 달려들 듯 우리에게도 각자의 덫이 존재합니다. 어린 시절 환경과 기질은 덫을 만드는 데 큰 영향을 미치지요.

여러분을 괴롭히고 있는 생각에는 어떤 것들이 있나요? 내 눈에 유독 반짝이는 낚싯바늘은 무엇인가요? 가만히 알아차려 보세요. 자신을 낚는 바늘을 알아차리기 시작하면 여러분은 넓은 바다를 유유히 헤엄칠 수 있게 될 것입니다.

영은 씨는 최근 상담을 받기 시작했습니다. 자신을 괴롭히는 것이 바로 자신임을 깨달았기 때문이지요. 영은 씨의 바늘은 '자신의 능력을 완벽하게 인정받는 것'이었습니다.

기준을 최대로 높이고, 그 기준에 미치지 못하면 채찍질하다 보니 몸과 마음은 쉽게 방전되곤 했지요.

영은 씨는 이 목소리에 '완벽주의 잔소리꾼'이라는 이름을 붙였습니다. 그리고 들릴 때마다 그것을 의식했지요. 마음이 자신의 생각을 만들어냈다는 것을 인식하자 '완벽주의 잔소리꾼'은 점차 힘을 잃게 되었습니다. 또한 자신의 생각과 싸우는 것을 내려놓고 원하는 삶에 좀 더 집중하기 시작하면서 자책감 대신 자신감으로 가득 찬 하루하루를 살아가게 되었습니다.

나를 힘들게 하는 생각은 무엇인가요? 나의 내면에서 들려오는 비판의 목소리에는 어떤 것들이 있나요? 쉽게 인식할 수 있도록 목소리에 이름을 붙여볼까요? 나를 비난하는 목소리는 '비난이', 조급하게 만드는 목소리는 '재촉이', 무능력하다고 말하는 목소리는 '무능이'라고 말이지요. 이름을 붙인 뒤에는 그 목소리를 마음이 만들어 냈다고 의식해봅시다. 아직 이러한 목소리를 인식하는 것이 어렵다면 떠오르는 생각을 메모장에 적어 두고 바라보는 것도 좋습니다. 그동안 얼마나 많은 생각들이 나를 스쳐 지나갔는지 눈으로 확인할 수 있게 될 것입니다.

행동 레시피

우리의 행동은 크게 마음 건강에 도움이 되는 건강한 행동과 마음 건강을 해치는 회피 행동으로 나눌 수 있습니다. 건강한 행동은 삶의 영역을 좁히지 않습니다. 불안이나 두려움이 올라오는 상황에서도 가치 있는 삶에 도움이 되는 일이라면 회피하지 않습니다. 자신을 위해, 아이를 위해 즉시 행동으로 옮기는 것이지요. 이렇게 하면 감정이나 생각과는 상관없이 많은 경험을 할 수 있으며, 삶을 더욱 풍요롭게 만들어 나갈 수 있게 됩니다.

승훈이 엄마는 사람들이 많이 모이는 장소에 가는 것을 좋아하지 않습니다. 어린 시절 트라우마로 인해 사람들 사이에 있는 것이 숨 막히고 두렵게 느껴지기 때문입니다. 하지만 야구선수가 꿈인 아들을 위해 용기를 내기로 했습니다. 야구 교실 선생님을 만나 상담을 받기도 했고 같은 꿈을 가진 아이들의 학부모 모임에 참석하기도 했습니다. 승훈이가 야구부에 들어간 뒤로는 경기장을 찾는 일도 많아졌습니다. 쉬운 일은 아니지만, 아들을 사랑하고 꿈을 응원하고 싶은 마음이 엄마를 변하게 했습니다. 집에만 있던 예전에 비해 삶의 반경이 넓어진 것은 물론, 활력도 크게 늘어났습니다.

반면 회피 행동은 삶의 영역을 좁아지게 합니다. 미선이 엄마는 최근 직장 스트레스가 이만저만이 아닙니다. 갑작스러운 승진으로 인해 신경 써야 할 일이 많아진 것이지요. 잘해야 한다는 부담감과 부족함에 대한 부끄러움은 마음을 점점 힘들게 했습니다. 예고도 없이 불쑥불쑥 찾아오는 불안감을 없애기 위해 술을 마시는 날이 늘어 갔고, 창피함을 잊기 위해 폭식도 주저하지 않았습니다. 이러한 행동이 습관화되면서 삶의 반경은 점점 줄어들게 되었습니다. 퇴근 후 누워 있는 시간이 많아졌고, 엄마들과 친구들 모임에도 더 이상 나가지 않게 되었습니다. 밝고 활기 넘치던 미선 씨는 점차 혼자가 되어 감을 느낍니다.

단순히 불쾌한 생각이나 감정을 잊기 위해 주의를 돌려 버리는 행동은 결국 소중한 삶을 놓치게 합니다. 잠깐의 위안을 얻기 위해, 순간의 불안을 잊기 위해 하는 행동이 있나요? 그렇다면 지금이라도 스스로를 위해 그 행동을 멈춰야 합니다. 회피 행동 리스트를 미리 작성해 놓으면 이러한 행동이 등장하는 순간을 인식할 수 있습니다. 여러분이 자주 하는 회피 행동을 떠올려 보고 이런 행동들 기저에 강하게 연결된 생각이나 감정이 무엇인지 적어 보세요. 회피 행동이 시작되려고 할 때 이러한 생각과 감정이 존재함을 알아차리고 잠시 멈출 수 있다면 우리는 장기적으로 더 건강한 선택을 할 수 있게 됩니다.

회피 행동의 예시 목록

- 과도한 스마트폰 및 SNS 사용
- 과소비, 자극적인 음식 먹기, 과음과 폭식
- 잠에 빠져들며 문제 회피하기
- 집 밖으로 한 발자국도 나가지 않기

나의 회피 행동과 그 기저에 연결된 생각들

- ....
- ....
- ....
- ....

매일 아침 새로운 손님이 도착한다

기쁨, 절망, 슬픔
그리고 약간의 순간적인 깨달음 등이
예기치 않은 방문객처럼 찾아온다

그 모두를 환영하고 맞아들이라
설령 그들이 슬픔의 군중이거나
그대의 집을 난폭하게 쓸어가 버리고
가구들을 몽땅 내가더라도

그렇다 해도 각각의 손님들을 존중하라
그들은 어떤 새로운 기쁨을 주기 위해
그대를 청소하는 것인지도 모르니까
어두운 생각, 부끄러움, 후회
그들을 문에서 웃으며 맞으라
그리고 그들을 집 안으로 초대하라
누가 들어오든 감사하게 여기라

모든 손님은 저 멀리에서 보낸
안내자들이니까

－「여인숙」, 잘랄루딘 루미(류시화 옮김)

4장

엄마의 삶에서
나의 삶으로

삶의 가치를 통해 본질 속에 사는 삶

왜 살아야 하는지 아는 사람은
그 어떤 시련도 이겨낼 수 있다.

– 프리디리히 니체

우리를 진정으로
살게 하는 것

우리가 누리는 일상이 당연한 것이 아니라면 어떻게 살아가야 할까요? 우리는 코로나19를 겪으며 평범한 일상이 당연하지 않다는 것을 깨달았습니다. 아이들은 입학식을 못 했고, 일상은 송두리째 날아가 버렸습니다. 경제적으로나 심리적으로나 힘든 나날을 보내야 했으며, 당연하게 생각하던 것들이 때로는 그렇지 않을 수 있음을 알게 되었습니다.

비대면 수업과 재택근무 등으로 전천후가 되어야 했던 부모님들의 모습도 떠오릅니다. 자녀의 공부와 식사를 동시에 챙겨야 했기에 피로가 극에 달했던 시기였지요. 인류 전체가 대면한 바이러스의 공포와 불안도 컸지만, 많은 이들을 더욱 힘들게 한 것은 평범한 일상에 대한 그리움이었습니다.

자라나는 아이들에게도 시련은 똑같이 찾아왔습니다. 장기간 이어진 마스크 착용은 표정이나 감정을 느끼기 어렵게 만들었고, 사회적으로 발달이 필요한 시기의 애착 형성을 크게 저해했습니다. 시끌벅적하던 교정은 조용해졌고, 놀이터에 가득했던 아이들의 웃음소리는 더 이상 들리지 않았습니다.

저는 연구팀과 함께 심리적으로 어려움을 겪는 사람들을 위한 상담 프로그램 개발에 착수했습니다. 팬데믹 상황에서 우울과 불안 등 부정적인 정서를 경험하는 사람들이 큰 폭으로 증가했기 때문입니다. 가장 중요하게 생각한 것은 심리적 어려움을 겪는 사람들의 마음을 지켜낼 수 있는 보호 요인을 찾는 것이었습니다. 우리의 마음을 보호할 수 있는 심리적 방패막이는 어떤 것들이 있었을까요? 삶을 흔들어 놓는 시련 앞에서 마음을 지키게 하는 것은 무엇이었을까요? 수많은 변인들 가운데 가장 핵심이라고 생각했던 보호 요인은 '삶의 의미와 가치'였습니다.

평생 평탄하지 않은 삶을 살았던 철학자 니체는 '왜 살아야 하는지 아는 사람은 그 어떤 시련도 이겨낼 수 있다'라는 말을 남겼습니다. 고통을 견디게 하는 것은 외부의 목표나 보상이 아니라 내면에 존재하는 삶의 의미라는 것이었지요. 우리는 고난 속에서 삶의 의미를 찾고 가치 있는 삶을 지속하도록 돕는 프로그램을 통해 참가자들의 마음을 지켜보기로 했습니다.[18]

집단 상담 프로그램은 매주 두 시간씩 화상으로 진행되었습니다. 참가자들은 매 회기 마음챙김 명상으로 시작하며 그동안 마주하지 못했던 감정들을 꺼내 놓았습니다. 누군가는 직장에서 느끼는 절망감을, 누군가는 꿈을 잃고 아무것도 할 수 없었던 무력감을, 또 누군가는 사랑하는 이를 잃은 상실감을 나눴습니다. 서로의 마음을 다독이며 함께 울기도 했지요.

얼마 후 참가자들에게 변화가 생겼습니다. 그동안 생각해 보지 못했던 삶의 의미와 가치에 대해 진지하게 돌아보기 시작했습니다. 참가자들은 단 한 번뿐인 인생에서 자신만의 방향을 찾아냈습니다. 늘 회사 일에 쫓겨 우울해하던 내담자는 삶의 원동력인 가족과의 시간을 되찾은 뒤 활기를 얻었고, 꿈을 잃고 공황장애에 빠졌던 내담자는 내면의 목소리에 귀를 기울이고 난 뒤 예전의 밝은 모습을 되찾을 수 있었지요.

데이터상으로도 유의미한 변화가 관찰되었습니다. 삶의 의미와 가치를 느끼는 정도, 외적인 상황과 내면을 수용하는 정도가 증가했고, 불안과 우울은 덜 느끼게 된 것이지요. 4주간의 짧은 기간이었지만 집단상담 프로그램은 우리가 살아야 할 이유를 느끼게 해 준 소중한 시간이었습니다.

사람은 죽음을 떠올릴 때 진정으로 자신의 삶을 생각하게 됩니다. 시간이 얼마 남지 않았다고 느낄 때에야 비로소 가장 중요한 것이 무엇인지 고민하는 것이지요. 코로나 시기는 많은 이들이 삶의 유한함을 직간접적으로 생각해 보게 된 시기였습니다. 삶에서 가장 소중한 것이 무엇인지 알게 되었고, 우리가 행복이라 여기는 것들이 생각보다 멀리 있지 않았다는 사실을 깨닫게 되었지요.

여담이지만 이 프로그램의 이름은 '파랑새 프로그램'이었습니다. 동화 〈파랑새〉에서 모티프를 얻은 이름이었지요. 주인공 '틸틸'과 '미틸' 남매는 파랑새를 찾아 멀리 떠나지만 결국 가장 가까운 곳에 파랑새가 있었음을 깨닫게 됩니다. 가장 소중한 것은 이미 우리 안에 있음을 나타내고 싶었습니다. 삶의 유한함을 떠올리며 잊고 살았던 자신만의 파랑새를 찾기를 바랐지요.

소중한 건 옆에 있다고
먼 길 떠나려는 사람에게 말했으면

가수 조용필의 노래 〈이젠 그랬으면 좋겠네〉의 마지막 가사처럼 우리를 진정으로 살게 하는 것을 찾기 위해 마음속으로 눈을 돌려 보세요. 머나먼 길을 떠나기 전에 자신의 내면에서 소중한 것이 무엇인지 찾아보세요. 당신을 살게 하는 것은 무엇인가요?

90세에 쓰는 회고록

■ 90세가 된 당신은 지난 삶을 되돌아보며 회고록의 마지막 줄을 다음
과 같이 남긴다고 상상해 봅시다. 어떤 말이 떠오르나요?

나는 .... 을 하지 못했던 것이 아쉽고 후회됩니다.

_____

_____

_____

_____

_____

_____

_____

_____

_____

묘비명 작성하기

- 자신의 묘비명을 글로 적어보세요.
- 당신의 장례식에 찾아온 이에게 당신은 어떤 말을 하고 싶나요?
- 당신이 사랑했던 사람들에게 당신은 어떤 사람으로 기억되고 싶나요?

....

....

....

....

....

....

이제 천천히 자신의 회고록과 묘비명을 바라봐 주세요. 마지막 순간에 남기고 싶은 말을 통해 당신이 진정으로 원했던 삶과 내면의 목소리를 들어보세요. 그리고 그 안에서 삶의 의미와 가치를 발견해 보세요. 인생의 마지막 순간 마음이 외치는 목소리를 떠올리고, 지금부터 그에 따른 인생을 살아 보세요.

방향을 아는 사람은
길을 잃지 않는다

몇 년 전 인기리에 방송되었던 드라마 〈SKY 캐슬〉을 기억하시나요? 명문대 의대에 자녀를 진학시키기 위해 모든 것을 거는 대한민국 상위 0.1% 부모들의 이야기였습니다. 서로를 밟고 넘어서려는 무한 경쟁 속에 미스터리한 살인 사건이 일어나며 파국으로 치닫게 되지요.

드라마가 끝난 뒤 많은 시청자들은 드라마와 현실이 크게 다르지 않다는 점에 큰 충격을 받았습니다. 그렇다면 부모의 모든 것을 걸고 자녀를 좋은 학교에 진학시키려는 목표의 종착점은 대체 어디일까요? 그들이 바라는 부와 명예의

끝은 무엇일까요?

우울증과 불면증을 호소하는 내담자들 가운데는 부와 명예를 이루고 퇴직하신 분이 적지 않았습니다. 한평생 커리어를 쌓아 오며 남부럽지 않게 살아왔기에 은퇴 후에도 평안한 생활을 할 거라 생각했다고 합니다. 하지만 문제의 첫 단추는 그 목표에 삶의 가치가 부재했다는 것이었습니다. 목표 달성을 위해 자신의 모든 것을 걸었던 사람들은 공통적으로 다음과 같은 감정을 토로합니다.

"가족들과 함께 시간을 보내는 게 왠지 어색해요."
"한평생 조직에 몸 바쳤는데 나도 모르는 사이에 건강이 무너져 있었어요."
"무엇을 원하는지도 모른 채 망망대해 앞에 서 있는 기분이 들어요. 진정한 나는 과연 누구였을까요?"

목표가 달성되고 나면 우리의 마음과 뇌는 그 문제를 해결했다고 생각합니다. '미션 클리어', 즉 임무가 완료되는 것이지요. 하지만 가치는 영원히 사라지지 않습니다. 가치는 우리가 향해야 하는 방향 그 자체이며, 나침반처럼 우리가 나아가야 할 곳을 끊임없이 보여 줍니다. 가치를 지닌 사람은 망망대해에서도 방향을 밝혀 주는 등대가 있기에 자신의 길을 크게 벗어나지 않게 됩니다. 브라질의 소설가 파울로 코엘료는 소설 『브리다』의 서문에서 이렇게 말합니다.

사람들은 각자 자기의 삶에서 두 가지 태도를 취할 수 있습니다. 건물을 세우거나, 혹은 정원을 일구거나. 건물을 세우는 사람들은 그 일에 몇 년이라는 세월을 바치기도 하지만, 결국 언제가는 그 일을 끝내게 됩니다. 그리고 그 일을 마치는 순간, 그는 자신이 쌓아올린 벽 안에 갇히게 됩니다. 건물을 세우는 일이 끝나면, 그 삶은 의미를 잃게 되는 것입니다.

하지만 정원을 일구는 사람들도 있습니다. 그들은 몰아치는 폭풍우와 끊임없이 변화하는 계절에 맞서 늘 고생하고 쉴 틈이 없습니다. 하지만 건물과는 달리 정원은 결코 성장을 멈추지 않습니다. 또한 정원은 그것을 일구는 사람의 관심을 요구하는 동시에 그의 삶에 위대한 모험이 함께할 수 있도록 해 줍니다.

저는 이 대목에서 무릎을 '탁' 칠 수밖에 없었습니다. 건물을 세우는 일은 목표를 달성하는 것과 닮아 있었고, 정원을 가꾸는 일은 가치를 향해 가는 과정과 닮아 있었기 때문이지요.

아이의 대학을 정해 놓고 입시 전쟁에 뛰어드는 것은 목표입니다. 하지만 충분히 좋은 엄마가 되는 것은 가치입니다. 대학은 달성 여부를 확인할 수 있는 목표이지만, 충분히 좋은 엄마가 되는 것은 방향입니다. 가치에는 특별한 도달점이 존재하지 않습니다. 그저 묵묵히 그 방향을 제시할 뿐이지요. 때문에 가치를 지니고 있는 사람은 삶의 방향을 잃지 않습니다. 목표에 일희일비하지 않습니다. 때로는 단기적인 목표가 필요할 수도 있습니다. 하지만 가치가 부재한 상태로 목표만을 위해 살아간다면 그것을 달성했을 때 자신의 방향에 대해 의문을 품게 될 가능성이 높습니다. 삶의 의미와 가치를 찾아야 하는 것은 바로 이 때문입니다.

민건이 엄마는 아이를 키우며 지난 순간들을 한 번도

후회한 적이 없습니다. 충분히 좋은 엄마가 되겠다는 가치를 가지고 살아왔기 때문입니다. 뒤돌아보면 아이의 냄새, 눈을 맞추고 대화를 나누던 순간들이 떠오릅니다. 아이의 웃음소리, 함께 보냈던 시간들도 생생하게 남아 있습니다. 돈은 부족했을지라도 추억은 가득합니다. 다시 살아도 좋은 나날들이 빛나고 있음을 깨닫게 됩니다. 니체는 소설 『차라투스트라는 이렇게 말했다』에서 이렇게 말합니다.

지금 이 인생을 다시 한 번 완전히
똑같이 살아도 좋다는 마음으로 살아라.

여러분은 다시 한 번 완전히 똑같이 살아도 좋은 삶을 살고 계신가요? 인생이라는 긴 여행길의 초입에서 우리는 목적지가 적힌 지도 대신, 방향을 볼 수 있는 나침반을 챙겨야 합니다. 그래야 길을 잃지 않게 됩니다. 자신이 가야 할 방향을 진정으로 알고 있는 사람은 삶을 다시 한 번 완전히 똑같이 살아도 좋다는 마음으로 살 수 있게 됩니다.

제 삶의 가치는 '치유자의 삶을 사는 것'입니다. 이러한 가치가 있기에 마음속 날씨가 맑든 흐리든 나침반이 가리키는 대로 묵묵히 걸어올 수 있었습니다. 소중한 아이들의 마음이 성장할 수 있도록 노력하며, 많은 사람들이 마음의 상처로부터 회복되는 삶을 위해 살아가고 있습니다. 앞으로도 가치의 이정표를 따라 평생 이 길을 걸어갈 생각입니다. 만약 제 삶에 목표만이 존재했다면 지금처럼 주변 사람들과 함께 성장하고 치유되는 기쁨은 얻지 못했을 것입니다.

삶의 가치는 목표를 선택할 때도 좋은 기준이 됩니다. 자신의 가치에 맞는 목표들을 더 많이 선택할 수 있고, 그렇지 않은 목표들은 과감하게 정리해 낼 수 있으니까요. 한 타의 차이가 먼바다에서 배의 경로를 바꾸어 놓는 것처럼, 가치를 세우는 일은 10년 뒤 여러분의 삶에 어마어마한 변화를 불러올 것입니다. 여러분은 지금 자신만의 방향을 향해 나아가고 계신가요? 자신의 가치에 따라 살아가고 계신가요?

삶은 결과가 아니라
과정이다

　　대한민국은 10대, 20대, 30대의 자살률이 다른 나라에 비해 압도적으로 높습니다. 특히 'OECD 국가 자살률 1위'는 2016, 2017년을 제외하고 2003년부터 한 번도 내려놓지 못한 슬픈 타이틀입니다. 지금도 이러한 문제를 해결하고자 다양한 법안이 만들어지고 있지만, 보다 근본적인 변화를 위해서는 우리가 무심히 반복해 오고 있는 패턴부터 살펴볼 필요가 있습니다.

　　저희 세대 부모님들은 단기간에 급성장을 이뤄 낸 시대에 태어났습니다. 과정을 즐기기보다는 빠르게 결과를 만들어 내야 하는 시대였지요. 삶은 윤택해졌지만, 마음이 그 속도를 따라가기에는 부족할 수밖에 없었습니다. 이러한 패턴은 대물림되었고, 우리는 여전히 과정보다 결과에 많은 에너지를 사용하고 있습니다.

자녀를 양육하는 문제에서도 그렇습니다. 결과에 과도하게 집착하다 보니 아이가 나의 기준에 도달하지 못하면 괴로움을 느끼게 됩니다. 아이의 문제점이 자신의 문제점처럼 느껴지고, 아이의 수치심이 곧 나의 수치심이 되는 것이지요. 아이에게 작은 문제가 생기더라도 지켜봐 주기보다는 급히 불을 꺼 주고 싶은 욕구가 올라옵니다.

몇 년 전 EBS 다큐멘터리 〈마더쇼크〉에서 흥미로운 실험을 본 적이 있습니다. 한국 엄마와 미국 엄마를 불러다 놓고 초등학생 자녀들이 단어 퍼즐을 푸는 과정을 옆에서 지켜보게 한 것입니다. 엄마들에게는 동서양 아이들의 어휘 수준을 측정하는 실험이라고 알려 줬지만 사실 이 실험은 두 나라 엄마들의 반응을 비교하는 실험이었습니다. 결과는 어땠을까요?

미국 엄마들은 조금 어려운 문제가 등장해도 별다른 개

입 없이 아이의 활동을 지켜봤습니다. 문제를 풀지 못해도 격려만 할 뿐 직접적인 도움은 주지 않았습니다. 반면 한국 엄마들은 처음부터 적극적으로 개입했습니다. 문제 푸는 과정을 지켜보기보다 본인이 옳다고 생각하는 결과를 제시하고 정답을 유도했지요. 이처럼 엄마와 자녀가 분리되지 못하는 패턴이 계속된다면 아이의 성공은 본인의 기쁨이 되고, 아이의 실패는 엄마의 좌절이 될 가능성이 높습니다.

자녀 문제를 자신의 문제와 동일시하는 엄마는 아이의 행동 하나하나에 일희일비합니다. 학교에서 나쁜 친구를 사귀지는 않을까, 성적이 떨어지지는 않을까 노심초사합니다. 어쩌다 아이가 잘못이라도 저지르고 돌아온 날에는 창피함에 얼굴이 화끈거립니다. 과정보다는 결과에 집착하며, 결과만이 아이와 자신을 증명해 주는 유일한 방법이라고 믿습니다. 자녀 또한 불안함과 초조함을 느끼게 됩니다. 엄마가 세워 놓은 완벽한 기준을 따라가려면 끊임없이 노력해야 하기 때문이지요. 엄마를 실망시킬지도 모른다는 마음에 불안은 계속되고, 불안을 없애기 위해 강박적인 행동을 보이기도 합니다.

이렇게 자란 아이는 어른이 된 후에도 모든 삶을 결과론적으로만 바라보게 됩니다. 좋은 직장이나 멋진 배우자를 얻어야만 자신의 가치가 증명된다고 생각하는 것이지요. 좋은 결과를 얻지 못하면 아무런 의미가 없기에 과정은 더욱더 무가치한 존재가 되어 버립니다. 심지어 과정을 숨기는 사람도 있습니다. 노력 자체가 자신의 부족함을 드러내는 일이라고 생각하기 때문이지요.

엄마와의 정서적 교류가 시작되는 영아기 애착 단계에서부터 자신의 몫을 책임지는 성인기에 이르기까지, 아이가 성장해 나가는 삶의 각 단계에는 충분히 경험해야 하는 과정들이 있습니다. 목표와 결과를 과도하게 강조하면 과정에서 얻을 수 있는 많은 것들을 상실하게 됩니다. 삶을 마주하는 용기도, 내적 동기도, 살아가는 기쁨도 잃게 되는 것이지요.

다시 처음으로 돌아가 결과가 아닌 과정에 머물러 봅니다. 엄마는 엄마의 몫을 인정하고, 아이는 아이의 몫을 감당하도록 바라봐 줍니다. 아이의 실수는 당연한 일입니다. 많이 넘어져 보고 다시 툭툭 털고 일어나면서 시련을 다루는 방법을 익혀야 합니다. 성공한 사람들이 외상 후 스트레스에 의외로 취약한 이유는 넘어져 본 경험이 적을수록 실패에 쉽게 무력화되기 때문입니다. 결과보다 과정을 중시해야 하는 이유가 바로 여기에 있습니다.

결과 중심의 프레임에서 벗어나 삶의 과정을 온전히 누리는 하루하루를 살아가세요. 배움에도 즐거움이 있다는 것을, 고된 육아에도 빛나는 순간들이 존재한다는 것을 잊지 마세요. 삶이 과정 그 자체라는 것을 진정으로 깨닫게 되면 삶은 오히려 더 많은 것들을 돌려주고 알게 해 줄 것입니다.

행복의 기준은
내 안에 있다

'엄친아', '엄친딸'이라는 말, 다들 들어보셨지요? '엄마 친구 아들', '엄마 친구 딸'의 준말인 엄친아, 엄친딸은 대한민국 사회에서 자주 회자되는 단어입니다. 누구나 한 번쯤 불시에 비교를 당하지만 그 존재조차 불확실한, 본 적은 없지만 늘 우리 곁에 있는 유니콘 같은 존재. 그들의 이야기를 들으면 한없이 초라하게 느껴집니다. 하지만 누군가에게는 우리가 엄친아, 엄친딸이 되어 다른 가정의 귀한 식솔들을 괴롭히고 있을지도 모릅니다.

우리는 비교에 참 많은 시간을 쓰며 살아갑니다. 다른

사람과 나를 비교하며 때로는 초라함을, 때로는 안도감을 느끼지요. 특히 우리나라 부모님들의 경우 절대적인 행복보다 상대적인 행복에 의해 만족감을 느끼는 경우가 많은 듯합니다. 아이를 가진 시기는 언제인지, 발달 속도는 어떤지, 몇 킬로그램으로 태어났는지, 학교 성적은 어떤지, 어떤 대학에 들어갔는지, 어떤 직장에 들어갔는지 끝도 없이 비교하며 행복과 불행을 판단하지요.

하지만 비교 우위를 기준으로 세워진 행복은 그리 오래 가지 않습니다. 또 다른 비교의 파도가 밀려오면 언제 그랬냐는 듯 모래성처럼 사라져 버리고 말지요. 심리학적 관점에서 비교는 인간이 가장 빠르게 불행해지는 방법입니다. 초조함과 불안함을 불러들여 만족감으로부터 멀리 벗어나게 만드는 것이지요.

한때 세계에서 가장 행복한 나라였던 부탄의 사례에서도 이는 극명하게 드러납니다. 히말라야 산자락에 위치한 부탄은 '작은 나라의 큰 행복'이라 불리며 2010년부터 줄곧 국가별 행복지수 1위를 차지해 왔습니다. 천혜의 자연환경과 더불어 질 높은 휴식과 정신적 행복이 부탄을 행복한 나라로 만들어 줬지요. 영원할 것만 같았던 부탄의 행복은 그리 오래가지 못했습니다. 2016년에는 56위, 2019년에는 95위가 되고 맙니다. 과연 부탄에는 무슨 일이 일어났던 것일까요? 원인은 빠르게 보급된 인터넷과 SNS의 발달이었습니다. 부탄 국민들은 전 세계 사람들과 스스로를 비교하기 시작했고, 자신들의 행복을 순식간에 앗아 가고 말았습니다.

어린 시절부터 SNS를 가장 활발하게 사용하는 우리나라 또한 위험에 빠지기 쉽습니다. 다른 사람들의 화려한 모습이 알고리즘을 타고 끊임없이 눈앞에 등장하기 때문입니다. 비슷한 연령대 사람들과 하나부터 열까지 비교하다 보면 내가 가지지 못한 것들에 대해 결핍을 느끼게 됩니다. 이는 열등감으로 이어지고 결국 초조함과 무력감에 압도되어 불행해지고 맙니다.

〈행복 배틀〉은 SNS에서 치열하게 행복을 겨루는 엄마들의 이야기를 그린 드라마입니다. 엄마들은 SNS에 끊임없이 행복한 모습들을 게시하고 겨룹니다. 마치 남들에게 행복을 과시하기 위해 살아가는 사람들처럼 비교를 멈추지 않습니다. 의문의 살인 사건이 벌어지면서 이야기가 다소 극적으로 흘러가긴 하지만, 드라마는 일상 속 비교의 모습을 꽤나 현실적으로 그려 내고 있습니다. 드라마 속 엄마들은 실시간으로 올라가는 게시물 조회수에 짜릿함을 느끼며 점차 SNS에 중독되어 갑니다. 즐거움은 줄어들고 '좋아요'에 연연하며 타인의 시선에서 벗어나지 못합니다. 짧은 게시물 하나에도 서너 시간을 들이고 심지어 아이가 열이 나는 상황에서도 SNS에 매달립니다.

최근에는 카카오톡, 페이스북, 인스타그램으로 인한 우울증을 의미하는 '카페인 우울증'이라는 신조어가 등장하기도 했습니다. 특히 SNS 사용 시간이 많을수록, SNS 확인 빈도가 높을수록 우울증이 더 커지는 것으로 나타났습니다.[19] 영국의 한 연구에서는 일주일 동안 한 집단은 SNS를 이전처럼 사용하도록 하고, 한 집단은 사용을 중단하도록 했습니다. 그 결과 사용을 멈춘 집단에서 우울과 불안이 감소했습니다.[20] 일주일의 시간만으로도 삶의 질이 확 달라진 것입니다.

멋진 여행지의 모습, 비싼 물건과 화려한 순간이 담긴 SNS 사진들은 특히 가까운 사이일수록 더 큰 영향을 줍니다. 내가 아는 사람의 모습을 보면서 상대적 박탈감을 더욱 크게 느끼는 것이지요. 잘 알지 못하는 스타들의 이야기보다 주변의 일상이 비교의 늪을 한층 깊게 만듭니다.

하지만 비교에는 중요한 맹점이 있습니다. 평범한 일상처럼 보이는 멋들어진 모습들이 사실은 타인의 하이라이트라는 것입니다. 남에게 보여 주기 위해 잘 편집된 사진이나 영상을 보며 '우리 아이는 왜 이럴까', '도대체 나는 왜 이렇게 사는 걸까' 비교할 필요가 없습니다. 느티나무가 아무리 애를 써도 은행나무가 될 수 없는 것처럼, 각자 타고난 기질과 성향이 있기 때문이지요. 즉, 절대적인 비교 자체가 성립될 수 없는 것입니다. 겉모습만 보고 타인과 비교하는 것은 다른 이의 욕망에 따라 구성된 상상물을 비교 대상으로 삼는 것입니다. 이러한 습관은 결국 자신을 불행의 급행열차에 밀어 넣는 지름길이 됩니다.

자기를 아는 사람은 오직 자신뿐입니다. 타인과의 비교에 한평생을 쏟기보다 자신이 진정으로 원하는 것이 무엇인지 살펴보고, 자신의 모습이 얼마나 변화했는지 체크해 봐야 합니다. 그것이 진정한 비교이며, 우리는 이를 기반으로 성장할 수 있습니다.

이는 엄마의 등을 보고 자라는 자녀에게도 건강한 자양분이 됩니다. 비교를 통해 자존감을 형성하는 자녀는 비교 대상이 없어지면 성장의 끈을 놓을 확률이 높아집니다. 오로지 타인과의 비교 우위에서 짜릿한 행복을 얻을 수 있기 때문이지요. 하지만 기준을 내면으로 돌려 스스로 성장하는 과정에 놓게 된다면 어떻게 될까요? 엄마와 아이는 타인의 일상에 일희일비하지 않고 더 나은 자신이 되기 위해 노력하게 됩니다. 조금씩 성장하고 있다는 확신을 가슴에 품으면서 말이지요.

인생은 생각보다 길지 않습니다. 길어야 100년 안팎으로 살게 되는 짧다면 짧은 인생에서 의미 없는 비교로 시간을 보내는 것은 너무나 아쉬운 낭비입니다. 소중한 자녀들 또한 대대손손 고통의 급행열차에 탑승하게 되는 것입니다.

저 또한 외고에 입학해 다른 가정의 귀한 자녀들을 괴롭게 했을 엄친딸 시절이 있었습니다. 모처럼 좋은 성적을 받은 날을 기억합니다. 우수한 친구들에게 치여가며 얻어 낸 결과였기에 들뜬 마음으로 집으로 돌아갔습니다. 하지만 아버지는 이렇게 말씀하셨습니다.

"그래서, 그건 몇 명 중에 몇 등인 건데?"

아직도 그날의 기억이 생생합니다. 뿌듯함으로 가득 찬 어린 마음을 한순간에 무너뜨린 말이었습니다. 노력한 과정을 인정해 주거나 꾸준히 성장해 온 나를 칭찬해 주는 질문이 아닌 다른 친구들과의 비교를 통해 가치를 판단하게 만드는 질문이었던 것이지요. '나는 비교 우위를 통해서만 가치 있는 사람이 되는 걸까?'라는 생각에 무척 속이 상하기도 했습니다.

저는 꽤 오래 고통의 급행열차에 탑승해 있었고, 타인과의 비교에 많은 시간을 할애하며 살았습니다. 그러나 이제는 '비교'라는 것이 우리 마음에 어떤 결과를 가져오는지 잘 알고 있습니다. 한 번뿐인 삶에서 가장 빠른 지옥행 급행열차라는 것을 잘 알기에 의식적으로 타지 않습니다.

작가 어니스트 헤밍웨이는 진정한 고귀함이란, 남들보다 잘사는 것이 아니라 어제의 나보다 위대해지는 것이라고 말했습니다. 누군가의 엄마도, 아내도 아닌 나를 위해 스스로를 비교의 고통으로 내몰지 않기를 바랍니다. 비교의 목소리가 올라오려 할 때 이를 알아차려 주세요. 다른 사람들의 하이라이트에 사로잡혀 스스로를 비난하거나 다그치지 마세요. 내면의 목소리에 귀를 기울여 성장하고 있는 자신을 격려하고 따뜻하게 바라봐 주세요. 그것이 삶을 후회 없이 대하는 비결입니다.

나와 타인을 비교하는 것은
애초부터 종류가 다른 나무를
비교하는 것과 같습니다.
온전히 비교가 가능한 영역은
오로지 예전의 나와
앞으로의 나일 뿐이지요.

자신의 시기를
믿고 기다리는 일

드라마 〈스타트업〉의 주인공 '달미'는 복잡한 가정사로 인해 어린 시절부터 상처가 많았습니다. 부모님의 이혼 후 할머니와 함께 살며 카페, 택배, 콜센터 등등 각종 아르바이트를 섭렵한 경력자입니다. 일찍 사회로 뛰어들어 만만치 않은 현실을 살아가는 당찬 인물입니다. 달미 뒤에는 어떠한 상황에서도 그녀를 믿고 품어 주는 할머니가 있습니다. 밥을 먹는 장면에서 할머니는 달미에게 이렇게 말합니다.

달미야, 넌 코스모스야. 아직 봄이잖아. 찬찬히 기다
리면 가을에 가장 예쁘게 필 거야. 그러니까 너무 초
조해하지 마.

저는 많은 아이들을 만납니다. 늘 그래왔듯 새 학기가
되면 신체의 발달도, 선행 학습 여부도 제각각인 아이들을
새롭게 만나게 되지요. 하지만 아이들은 개성대로 교실에 금
방 적응해 갑니다. 그런데 간혹 자신의 아이를 보며 초조함
을 느끼는 어머니들이 있습니다. 평소에 불안을 느끼는 어머
니들이 이런 말을 많이 합니다.

"다른 집에서는 학원을 몇 개씩 보낸다는데 이렇게 놔
둬도 되는지 모르겠어요."
"아이를 믿는다고 말은 해 주지만 제 마음이 불안해서
앞서 나가게 돼요."
"보고 있으면 속 터지고 답답해서 못 살겠어요."

아이들에게는 저마다 강점이 있고 내면에 자기만의 보
석이 있습니다. 각자의 꽃을 피우는 시간도 다를 수밖에 없

지요.

저희 반에는 매일 아침 두 손을 가지런히 모으고 인사하는 은호라는 아이가 있습니다. 따뜻한 마음 씀씀이와 말하고 발표하는 것에서 탁월한 역량을 보여 주는 친구지요. 은호와 대화를 나누다 보면 순간 어린아이임을 잊을 정도로 흥미로운 이야기를 주고받게 됩니다. 말하자면 우리 반의 '스티브 잡스'라고나 할까요?

부모님은 은호의 성적이 좋지 않아 걱정이 많지만, 저는 지금이 은호라는 꽃에게 가장 좋은 시기라고 생각하지 않습니다. 아이의 강점이 발현되는 때가 반드시 올 것이기 때문입니다. 앞으로는 지식을 단순히 축적하는 일보다 인간다움을 지니고 따뜻하게 공감하는 커뮤니케이션 역량이 더욱 중요해질 것입니다. 이러한 부분에 강점이 있는 은호의 계절이 온다면 그동안 차곡차곡 쌓아 왔던 보석들도 크게 빛을 발할 것입니다.

아이를 믿기보다 엄마 마음에 불안함이 깃들면 아이도 은연중에 이를 느끼고 스스로를 믿지 않게 됩니다. 이렇게 자란 아이는 구멍 난 신뢰를 메꾸느라 평생 기진맥진 살아가야 합니다. 성공한 이들은 모두 자신의 때가 오기까지 스스로를 믿고 강점을 파고들었습니다. 때로는 모든 것을 멈추고 시간에 쫓겨 외면해 왔던 아이의 눈을 바라봐 주세요. 조급함을 내려놓고 믿어 준다면 닦달과 강요 없이도 아이가 진정으로 원하는 것이 무엇인지 알 수 있게 됩니다.

자신의 때를 믿고 기다려야 하는 것은 엄마도 다르지 않습니다. 예서 씨는 대학을 졸업하자마자 남편과 결혼하며 아이를 낳았습니다. 눈에 넣어도 아프지 않을 두 남매를 키우며 성실하게 살았습니다. 하지만 아이들과 남편 뒷바라지에 집안 대소사를 책임지다 보니 어느새 시간은 쏜살같이 흘러갔습니다.

아이들이 고학년이 되면서부터 예서 씨는 공허한 마음이 들기 시작했습니다. 커리어를 차곡차곡 쌓아 자신의 분야에서 인정받는 다른 엄마들을 보면서 부러움과 속상함이 느껴졌던 것이지요. 아이들을 키우느라 제대로 된 사회생활도 못 해보고 젊은 시절을 흘려보냈다는 생각에 마음은 작아져만 갔습니다. 하지만 이대로 주저앉을 수는 없었습니다.

예서 씨는 아이들이 학원에 가 있는 동안 오롯이 자신

을 위해 시간을 투자하기로 결심했습니다. 새로운 일을 도전하기에 늦었다는 생각도 들었지만, 각자의 때가 다르니 포기하지 말자고 스스로 다독였습니다. 오히려 아이들을 어느 정도 키워 놓은 지금이 적기라는 생각이 들었습니다. 자신의 특기와 강점을 살릴 수 있는 일들을 세세히 찾아봤습니다.

컴퓨터공학을 전공한 예서 씨는 자신의 전공과 강점을 살릴 수 있는 데이터 분석 전문가에 도전했습니다. 마흔 중반에 처음으로 일을 시작할 수 있었지요. 지금은 중년의 프리랜서 전문가로 다양한 곳에서 러브콜을 받으며 데이터 분석과 컨설팅으로 바쁜 나날을 보내고 있습니다. 건강이 허락하는 한 끝까지 자신의 길을 걸어갈 생각입니다. 그녀의 성공 뒤엔 초조함 대신 자신의 때를 기다려온 마음이 있었습니다.

'춘란추국 각유기시'(春蘭秋菊各有其時)라는 말이 있습니다. 봄에는 난초가 피고, 가을에는 국화가 피는 것처럼 각자 피는 때가 따로 있다는 말이지요. 지금이 '나'라는 꽃이 피는 계절이 아니라면, 그때가 올 때까지 자신을 깊고 넓게 만들어 가면 됩니다. 내 마음이 준비되어 있을 때 좋은 기회를 더 많이 얻을 수 있습니다.

너무 조급해하지 마세요. 남들보다 뒤처졌다는 생각이 들더라도 잠시 멈춰 나의 때가 있음을 기억해 주세요. 자신을 믿고 친절하게 격려해 주다 보면 언젠가는 그 수고가 빛을 발하게 될 것입니다.

사람들마다 꽃 피는 시기가 다르고
저마다의 걸음걸이가 있습니다.

그렇기에
당장 노력에 대한 결과가 나오지 않는다고
절망해서는 안 됩니다.

물론 내가 언제 꽃피울지
미리 알 수 있다면 좋겠지만
대부분의 사람들은 그것을 미리 알지 못합니다.
저 역시 그랬습니다.

그래서 그저 그때가 찾아올 때까지
돌에 정으로 글씨를 새기듯
매일의 일을 조금씩 해 나가는 것이 중요합니다.

– 한동일, 『라틴어 수업』 중에서

흔들리지 않는 부모가
되다는 것

자존감은 스스로를 존중하는 마음입니다. 자신을 사랑하고 돌보는 데 중요한 역할을 하지요. 엄마의 자존감은 외부 상황에 의해 결정되는 경우가 많습니다. 이번 학기 자녀의 성적을 통해, 주변과의 비교를 통해, 새로 산 물건들을 통해 그때그때 영향을 받는 것이지요. 최근 학부모 공개 수업 때 옷을 어떻게 입고 가야 하는지에 관한 엄마들의 고민이 인터넷에서 화제가 되기도 했습니다. 이런 예만 보더라도 우리가 얼마나 외부 시선을 의식하며 사는지 알 수 있지요.

외부 시선이나 상황의 좋고 나쁨으로만 평가하게 되면 자존감은 오르락내리락하게 됩니다. 어쩌다 아이가 좋은 성적을 받아온 날에는 '좋아, 역시 제대로 하고 있군!' 하며 어깨가 으쓱 올라갑니다. 마치 내가 그 성과를 이룬 것처럼 느껴지지요. 그러다 또 어느 날은 기분이 바닥을 치며 이런 생각이 올라옵니다.

'이것 봐, 우리 애는 아직도 멀었다니까! 어디 쥐구멍이라도 있으면 숨어 버리고 싶다.'

인생은 늘 우리가 원하는 대로만 흘러가지 않습니다. 그러므로 흔들리지 말고 지나가는 상황을 있는 그대로 바라봐 주세요. 상황은 내가 아닙니다. 하루에도 수십 번씩 떠오르는 새로운 일들은 내가 아닙니다. 상황에 따라 희비가 결정된다면 이미 그에 자기 자신을 동일시하고 있음을 의미합니다. 아이의 성적이 엄마의 능력을 대변하고, 아이의 꿈이 엄마의 정체성으로 굳어진다면 인생이 상황에 따라 좌지우지되는 것은 시간문제입니다.

어떠한 경우에도 흔들리지 않는 자기감을 갖기 위해 삶

의 관찰자가 되어 상황을 있는 그대로 바라봐야 합니다. 또한 상황보다 더 큰 자신을 인식해야 합니다. 자녀를 키우다 보면 누구나 예측하지 못한 상황에 휩쓸리게 됩니다. 생각에 압도되기도 하고 감정의 망망대해를 표류하다 마음을 잃어버리기도 하지요. 하지만 그럴수록 삶의 본질을 똑바로 봐야 합니다. 등대처럼 방향을 밝혀줄 기준을 세우는 것이지요. 이렇게 방향감을 계속 연습하다 보면 자녀를 양육할 때도 마음을 잃지 않고 살아갈 수 있게 됩니다.

잠시 두 눈을 감고 초콜릿이 가득 담긴 유리병을 떠올려 볼까요? 병 속에는 달콤한 흰 초콜릿과 씁쓸한 검은 초콜릿이 들어 있습니다. 흰 초콜릿은 긍정적인 감정을 의미하고, 검은 초콜릿은 부정적인 감정을 의미합니다. 대부분의 사람들은 흰 초콜릿만 가득한 삶을 원합니다. 심지어 흰 초콜릿 그 자체가 되고자 하지요. 하지만 우리는 흰 초콜릿도, 검은 초콜릿도 될 수 없습니다. 왜냐하면 우리는 유리병 그 자체이기 때문입니다. 이를 의식하고 우리의 모든 감정을 바라볼 수 있을 때, 비로소 흔들리지 않는 삶을 살아갈 수 있습니다. 어떤 일에도 일희일비하지 않게 됩니다.

우리는 변화하는 감정이나 상황보다 훨씬 더 큰 존재입니다. 폭풍 같은 감정도, 영원할 것 같은 고통도 날씨처럼 지나갑니다. 우리는 바람을 따라 흘러가는 구름이 아닌 구름이 흘러가고 있는 넓고 파란 하늘입니다. 우리는 지나가는 삶의 파도들을 지켜보는 넓고 깊은 바다 그 자체입니다. 우리에게 익숙한 '이 또한 지나가리라'라는 명언 역시 상황보다 더 큰 내가 존재함을 인식한 후에야 진정으로 느낄 수 있는 감각입니다.

삶을 관찰하는 자기감을 획득하게 되면 상황에 흔들리는 빈도가 줄어듭니다. 하지만 앞으로 나아가기 위해서는 올바른 방향으로 나아갈 수 있는 지도가 필요합니다. 엄마로서, 딸로서, 배우자로서 그 모든 역할들 너머에 존재하는 자신을 만나야 합니다. 그래야 삶의 방향이 그려진 지도를 얻을 수 있습니다. 삶의 본질이 무엇인지 탐색하기 시작할 때 우리가 나아가야 하는 방향을 찾을 수 있습니다.

'나는 무엇을 사랑하는 사람인가요?'
'무엇이 나의 삶에 의미를 가져다주나요?'
'나는 어떤 순간 기쁨을 느끼는 사람인가요?'

이러한 질문에 답하면서 걸어가야 하는 방향을 구체화 시킨 지도를 만들어가야 합니다. 우리 손에 쥐어진 지도는 삶의 본질을 탐색하게 하고 앞으로 나아갈 길을 명료하게 보여 줄 것입니다. 먼 훗날 삶의 마지막 여정에 다다랐을 때 모두가 각자의 지도 끝에서 환하게 웃을 수 있기를 바랍니다.

한 번뿐인 삶에서
후회하지 않으려면

　　창의력으로 한 시대를 풍미한 전설적인 기업
가 스티브 잡스는 2005년 스탠퍼드대학교 졸업식에서 학생
들을 축하하며 연설을 시작했습니다. 50세였던 잡스는 얼마
전 췌장암을 선고받은 상황이었습니다. 그는 자신의 삶을 회
고하며 이렇게 말했습니다.

　　곧 죽는다는 생각은 인생의 결단을 내릴 때마다 가
　　장 중요한 도구였습니다. 모든 외부의 기대, 자부심,
　　수치스러움, 실패에 대한 두려움 등은 '죽음' 앞에서

모두 떨어져 나가고, 정말로 중요한 것들만 남기 때문입니다. 죽음을 생각하는 것은 무엇을 잃을지도 모른다는 두려움에서 벗어나는 최고의 길입니다. 여러분은 죽을 몸입니다. 그러므로 가슴을 따라 살아야 합니다. 여러분의 시간은 한정되어 있습니다. 다른 사람의 삶을 사느라 인생을 낭비하지 마십시오.

죽음은 삶을 온전히 마주하게 합니다. 삶을 진정으로 사랑하기 위해서는 매 순간 죽음을 기억해야 합니다. 오늘이 인생의 마지막 날이 될지 모른다는 것을 떠올리며 하루를 시작해야 합니다. 누구나 후회 없는 인생을 살고 싶어 하지만, 많은 이들이 다른 사람의 시선에 갇혀 비교의 틀 안에서 의미 없이 반복되는 일상을 살아갑니다. 삶이 유한하다는 것을 직간접적으로 체험하고 나면 무의미한 반복은 잠잠해지고 숨겨져 있던 가치가 떠오르게 됩니다.

인생의 마지막 순간 가장 그리워할 것 같은 일은 무엇인가요? 내가 진정으로 사랑한 것들은 무엇인가요? 여러분 마음속에 떠오른 사람들과 순간들이 있다면 지금부터 그것들을 놓쳐서는 안 됩니다. 우리는 인생이라는 길고도 짧은 여행길 위에서 각자가 멘 배낭 안을 들여다봐야 합니다. 다른 사람들의 기대, 자녀에 대한 무거운 책임감, 끝없는 인정 욕구로 가득 찬 배낭을 메고 있다면 일상은 고난의 행군이 될 가능성이 높습니다. 두려움에 한 걸음 떼기가 어려워지기 때문이지요.

유한함을 알고 자신에게 중요한 것들을 의식적으로 담아내는 사람은 삶을 풍요롭게 가꿔 나갈 수 있습니다. 환하게 미소 짓던 아이들의 맑은 눈동자, 밤하늘에 쏟아지던 수많은 별들, 사랑하는 사람과 함께했던 행복한 순간들. 유한함을 떠올리며 걸어 나가는 여행길은 가치라는 나침반을 손에 쥐여 줍니다. 신기하게도 계속 걸어가다 보면 비슷한 배낭을 멘 여행자들을 만나게 되고 더욱 많은 것들을 풍부하게 경험하게 됩니다.

부모는 자녀에게 수많은 것을 물려줄 수 있습니다. 경제적 자본이나 신체적 자본처럼 눈에 보이는 것부터 심리적 자본이나 사회문화적 자본처럼 잘 드러나지 않는 것에 이르기까지 그 종류도 다양하지요.

하지만 자신의 배낭에 소중한 것을 담는 지혜를 알려 주는 것은 그 어떤 자본을 물려주는 것보다 중요합니다. 삶의 가치에 맞게 우선순위를 정하고 스스로 삶을 꾸려 나갈 수 있도록 도와주기 때문입니다. 내면의 목소리를 듣지 못하면 삶은 결국 중요하지 않은 것들로 가득 채워지게 됩니다. 타인의 인정을 바라면서 시간만 허비하게 되지요.

많은 사람들이 삶의 유한함을 깨달은 후 가치의 우선순위를 다시 세우고 있습니다. 특히 죽음을 앞둔 사람들에게서 이러한 깨달음이 공통적으로 나타납니다. 호주의 작가 브로니 웨어(Bronnie Ware)는 저서 『내가 원하는 삶을 살았더라면』에서 시한부 환자들이 죽음을 앞두고 가장 후회했던 것들에 대해 말합니다. 환자들이 공통적으로 후회한 것은 남들의 기대 때문에 자신이 원하는 삶을 살지 못한 것이었습니다. 또한 가치가 아닌 목표를 위해 많은 에너지와 시간을 쓰느라 소중한 이들과 함께하지 못한 것을 후회했습니다.

내면의 진정한 목소리를 놓치지 마세요. 타인과 세상의 기준에 맞추려 너무 애쓰지 마세요. 우리의 에너지는 한정되어 있습니다. 나의 내면에 좀 더 귀를 기울이고 소중한 사람들과 더 많은 시간을 보내세요. 지나간 일로 우울해하지 말고 다가올 일에 불안해하지 마세요. 여러분이 소중하다고 생각하는 것들과 함께 지금, 여기를 살아가세요. 그것이 단 한 번뿐인 삶을 대하는 가장 후회 없는 선택이 될 것입니다.

여행을 떠날 때 매 순간 새로운 마음으로 세상을 바라볼 수 있는 이유는 언젠가 그 여행이 끝난다는 것을 알기 때문입니다. 삶 역시 유한한 시간 여행입니다. 사랑하는 가족들과 친구들 역시 우리 곁에 영원히 존재할 수 없습니다. 이를 의식하고 나면 매일 소중한 경험들을 만끽하며 자신만의 방향으로 걸어갈 수 있게 됩니다. 불필요한 모래주머니를 떼고 마음껏 살아갈 수 있게 됩니다. 진정한 삶의 여행이 시작되면 행복하고 가슴 뛰는 경험을 할 수 있습니다.

다른 사람의 인생을 살지 마세요. 이번 생에 소중한 인연으로 만나게 된 아이는 태어나는 순간부터 엄마인 당신을 아무런 조건 없이 사랑합니다. 아이와 더 눈을 맞추고 더 많이 웃으며 매 순간 아낌없이 사랑을 나눠 주세요. 당신은 존재만으로도 이미 충분한 양육자입니다.

인생은 모두가 함께하는 여행이다.
매일매일 사는 동안 우리가 할 수 있는 건
최선을 다해 이 멋진 여행을 만끽하는 것이다.

– 영화 〈어바웃 타임〉 중에서

우리의 선택이
행복한 삶을 만든다

자유를 누리는 시간이 영원할 거라고 생각했습니다. 떠나고 싶을 때 떠나고, 먹고 싶을 때 먹고, 나의 의지에 따라 삶을 살아갈 수 있다고 믿었습니다. '나'의 역할이 인생의 전부였던 시절, 가벼운 몸으로 살아가는 것이 당연한 줄 알았습니다. 하지만 엄마가 된 순간부터는 떠나고 싶을 때 떠날 수 없고, 먹고 싶은 음식도 아무 때나 먹을 수 없다는 것을 깨닫게 되었습니다. 알 수 없는 불안함과 책임감에 잠 못 이루는 밤도 많았지요. 그러나 깊어지는 고민만큼 깊어지는 삶의 의미를 깨닫습니다.

아이와 함께 살아가는 시간을 통해 우리에게는 다시 한 번 성장할 수 있는 시간이 주어집니다. 어린 시절 받고 싶었던 사랑을 주며 마음을 채우기도 하고, 미처 아물지 못한 상처를 치유하기도 합니다. 한없이 부족해 보이는 나를 보고 배시시 웃는 아이를 보면, 내 마음속 아이도 어느새 환하게 미소를 짓습니다. 아이를 키운다고는 하지만 가끔은 아이가 나를 키운다는 생각도 듭니다. 그렇기에 인생에서 두번째 삶이 주어진다면 아이를 만나고 아이와 함께 성장하는 삶이 아닐지 감히 생각해 봅니다.

아이를 키울 때 부모의 건강한 마음은 무엇보다 중요합니다. 부모가 자녀의 삶을 온전히 인정할 때 자녀 또한 진정한 자신으로 살아갈 수 있기 때문이지요. 이러한 구분이 제대로 이뤄지지 않으면 부모는 자녀가 성인이 된 뒤에도 결혼 문제, 집 문제 등 끊임없는 걱정을 안고 살아가게 됩니다.

자식이 독립하고 떠난 뒤 우울해지는 엄마들도 많습니다. 이를 '빈둥지 증후군'(Empty Nest Syndrome)이라고 합니다. 새끼가 떠난 후 텅 빈 둥지에 어미 새만 남은 것처럼, 자녀가 독립한 후 양육자가 느끼는 공허함과 슬픔을 나타내는 말이지요. 삶의 이유가 사라지면서 우울증이 나타나는 겁니다.

마음을 돌보는 법을 제때 터득하지 못하면 나이가 들어 큰 대가를 치르게 됩니다. 사회적 관계가 축소되고 몸이 쇠약해지면 마음을 다잡기가 더욱 어려워지기 때문이지요. 그러므로 우리는 일찍부터 마음의 건강을 지키는 법을 배우고 단련해야 합니다. 자신의 마음을 바라보고 자신과 자녀의 영역을 구분할 수 있게 될 때 부모와 자녀 모두 건강한 삶을 살수 있습니다.

아이가 세상을 있는 그대로 바라보며 살게 할 것인지 세상을 바라보는 마음에 검게 코팅된 안경을 씌울 것인지는 우리에게 달려 있습니다. 일찍부터 단련된 부모의 마음 밭에서 아이의 씨앗이 뿌리 깊게 내리고, 본질을 향해 있는 부모의 마음을 따라 아이는 스스로 자신의 방향을 찾게 됩니다.

더 늦기 전에 삶의 가치와 본질을 깨달으며 건강한 마음을 다져 나가는 데 모두가 함께하기를 기원해 봅니다. '사랑이 있는 고생은 행복이었다'라고 말한 김형석 교수의 말씀처럼, 어려움 속에서도 사랑이 있던 시절은 따뜻한 기억으로 남게 됩니다. 가치가 없는 영역에서는 고통도 느끼지 못하니다. 자녀를 키우며 고통이 따르는 이유는 그만큼 그것이 소중하기 때문입니다.

때로는 앞이 보이지 않는 고통의 망망대해에 홀로 서게 될지도 모릅니다. 우리가 함께했던 마음 훈련은 바로 그 순간 어두운 길을 밝히는 환한 등대가 될 것입니다. 사랑하는 아이를 돌보듯 자신의 마음을 바라보면서 다시 한 번 우리가 성장하도록 주어진 이 시간을 아낌없이 보내야 합니다. 고통을 수용하고 현재에 머물며 삶의 본질을 잊지 않는 부모는 절대 흔들리지 않습니다. 지금 이 순간에도 각자의 자리에서 사랑이 있는 고생을 하고 계신 모든 부모님들께 이 책을 바칩니다.

참고문헌

1 Baumeister, R.F., E. Bratslavsky, C. Finkenauer, and K. D. Vohs, "Bad Is Stronger than Good", Review of General Psychology, Vol.5, 2001, 323-370.

2 Helmstetter, Shad. What to say when you talk to your self. Vol. 63159. Simon and Schuster, 1990.

3 Emmons, R. A., & McCullough, M. E. (Eds.). (2004). The psychology of gratitude. Oxford University Press.

4 Seligman, M. E. (1972). Learned helplessness. Annual review of medicine, 23(1), 407-412.

5 Pennebaker, J. W. (1997). Writing about emotional experiences as a therapeutic process. Psychological science, 8(3), 162-166.

6 국제 수면장애분류, 2020

7 Ekers, D., Webster, L., Van Straten, A., Cuijpers, P., Richards, D., & Gilbody, S. (2014). Behavioural activation for depression; an update of meta-analysis of effectiveness and sub group analysis. PloS one, 9(6), e100100.

8 Roizen, M. F., & Oz, M. (2010). YOU: On A Diet Revised Edition: The Owner's Manual for Waist Management. Simon and Schuster.

9 Carrasco-Benso, M. P., Rivero-Gutierrez, B., Lopez-Minguez, J., Anzola, A., Diez-Noguera, A., Madrid, J. A., ... & Garaulet, M. (2016). Human adipose tissue expresses intrinsic circadian rhythm in insulin sensitivity. The FASEB Journal, 30(9), 3117.

10 Ohkuma, T., Hirakawa, Y., Nakamura, U., Kiyohara, Y., Kitazono, T., & Ninomiya, T. (2015). Association between eating rate and obesity: a systematic review and meta-analysis. International journal of obesity, 39(11), 1589-1596.

11 심리학 룽지(http://blog.naver.com/mindfulmoment/222965780627)

12 Kristeller, J. L., & Hallett, C. B. (1999). An exploratory study of a meditation-based intervention for binge eating disorder. Journal of Health Psychology, 4(3), 357-363.

13 Black, D. S., & Slavich, G. M. (2016). Mindfulness meditation and the immune system: a systematic review of randomized controlled trials. Annals of the new York Academy of Sciences, 1373(1), 13-24.

14 Ponte Márquez, P. H., Feliu-Soler, A., Solé-Villa, M. J., Matas-Pericas, L., Filella-Agullo, D., Ruiz-Herrerias, M., ... & Arroyo-Díaz, J. A. (2019). Benefits of mindfulness meditation in reducing blood pressure and stress in patients with arterial hypertension. Journal of human hypertension, 33(3), 237-247.

15 Jacobs, T. L., Epel, E. S., Lin, J., Blackburn, E. H., Wolkowitz, O. M., Bridwell, D. A., ... & Saron, C. D. (2011). Intensive meditation training, immune cell telomerase activity, and psychological mediators. Psychoneuroendocrinology, 36(5), 664-681.

16 Shin, J. W., Kim, S., Shin, Y. J., Park, B., & Park, S. (2023). Comparison of Acceptance and Commitment Therapy (ACT) and Cognitive Behavior Therapy (CBT) for Chronic Insomnia: A Pilot Randomized Controlled Trial. Nature and Science of Sleep, 523-531.

17 Goodman TA, Greenland SK. Mindfulness with children: Working with difficult emotions. In: Clinical handbook of mindfulness. New York, NY: Springer New York;2009. p.417-429.

18 김선엽, 배효정, 박선영(2021) 코로나 19시기 삶의 의미 향상을 위한 가치 기반 수용-전념 치료의 효과, 한국심리학회지: 임상심리 연구와 실제

19 Yoon, S., Kleinman, M., Mertz, J., & Brannick, M. (2019). Is social network site usage related to depression? A meta-analysis of Facebook-depression relations. Journal of affective disorders, 248, 65-72.

20 Lambert, J., Barnstable, G., Minter, E., Cooper, J., & McEwan, D. (2022). Taking a one-week break from social media improves well-being, depression, and anxiety: a randomized controlled trial. Cyberpsychology, Behavior, and Social Networking, 25(5), 287-293.

나는 충분히
괜찮은
엄마입니다

초판 1쇄 발행 2024년 5월 13일

초판 2쇄 발행 2024년 6월 13일

지은이 김선엽

펴낸이 김정동

편집 김승현　**마케팅** 김상현 김혜자 최관호

펴낸곳 서교출판사

주소 서울시 마포구 성지길(합정동) 25-20 덕준빌딩 2층

전화 02-3142-1471(대)　**팩스** 02-6499-1471

이메일 seokyobook@gmail.com

블로그 http://blog.naver.com/seokyobooks

홈페이지 http://seokyobook.com

페이스북 @seokyobooks　**인스타그램** @seokyobooks

ISBN 979-11-89729-95-0 (03810)

출판 관련 원고나 아이디어가 있으신 분은 seokyobook@gmail.com으로
간략한 개요와 취지 등을 보내 주세요. 출판의 길이 열립니다.

※ 잘못된 책은 바꾸어 드립니다.
※ 책값은 뒷표지에 있습니다.